20 世纪中国图书馆学文库·35

图书馆目录

李纪有　沈迪飞　余惠芳 编著

國家圖書館出版社

本书据书目文献出版社 1982 年 12 月第 1 版排印

前　言

　　"图书馆目录"是图书馆学专业教学计划中的一门基础课。图书馆目录在一些国家已从手工编目与检索发展到机器编目和检索的新阶段；个体的、分散的编目正在被集中编目、合作编目的网络化所代替；文献类型的增多、文献著录标准化的进展，都给这门课增加了新的内容。

　　特别是 1966 年 MARC（Machine – Readable Catalogue）的问世，1974 年《国际标准书目著录》的诞生和我国正在制定的《文献目录著录标准》等新情况的出现，都要求在讲述编目时，能与这种新情况相结合。

　　考虑到我国目前的编目工作主要还是手工编目，因此仍应以较大的篇幅来介绍传统的编目理论与方法。此外，再相应地介绍 MARC 的编制原理与方法。当然学习 MARC 编制的原理与方法的时候，还需要有一定的计算机的基础知识。至于以视听资料为代表的新型文献的著录，由于目前在我国还处于摸索阶段，本书就只能以带有研究性的方法来介绍。

　　"图书馆目录"这门课程实践性比较强，规则也比较多，因此在教学过程中实习的教学环节至为重要。本书将尽量讲授著录法的原理和各种具体规则产生的原因，而没有多加注重罗列具体规则。在教学过程中，以北京图书馆编的《中文普通图书统一著录条例》为实习时的依据，因此在实习过程中要注意对著录理论和方法的理解，而不要求死记硬背各条规则。

本书在编写过程中，主要参考了刘国钧等同志编的《图书馆目录》和武汉大学图书馆学系与北京大学图书馆学系合编的《图书馆目录》两书。本书的第一～五章由李纪有执笔，第六、七章由余惠芳执笔，第八章由沈迪飞（中国科学院图书馆）执笔。

在编写初稿时，北京大学图书馆学系的周文骏、史永元、侯汉清等同志都曾给以热情的帮助与指导，初稿印出后，西北农学院图书馆的范世伟同志、杭州大学图书馆的陆宗城同志、浙江大学图书馆的夏勇同志等也都提出了宝贵的修改意见。特别是北京图书馆的施大文同志，逐章逐节地对初稿提出了修改意见。此外，北京大学图书馆学系1980届函授生在学习过程中也提出了一些意见，借本书出版的机会，向上述诸位同志表示衷心的感谢。

李纪有

1982 年 5 月

目　次

第一章　图书馆目录的一般原理

"目录"这个词,在我国有悠久的历史。它最早出现于汉成帝年间刘向校书时。《汉书》上说,刘向校书时,对于每一部书"辄条其篇目,撮其旨意,录而奏之";又说,"爰著目录,略叙洪烈"。所以"目录"一词最初本是指图书的篇章名目和内容介绍的记录。后来渐渐变化成记录图书名目的清册。随着出版事业的发展,图书数量的增多,读书人要求的多样性,图书目录的种类也越来越多了,如出版家发行目录、书店发行目录、私人藏书目录、图书馆藏书目录、专题书目索引以及联合目录等。这些都是有关图书的目录,因此在编目方法上和形式上有着许多共同之处。但它们的主要目的和作用不一定完全相同。概括地说,可以把这种种目录分为三大类型,即出版发行目录、读书目录(书目索引)和藏书目录三种。本书主要是研究图书馆藏书目录的性质、作用和编制原理与方法,其他各种目录的作用、编制原理与方法,则是目录学研究的课题。

第一节　图书馆目录的性质与作用

图书馆目录是揭示藏书、宣传图书、辅导阅读的检索工具。也就是说,图书馆目录是通过揭示图书馆藏书内容,宣传优秀书刊资料,达到辅导读者阅读的目的。通过图书馆目录可以使读者了解

1

图书馆藏书内容,确认图书质量,以决定自己的选择。这个定义反映了图书馆目录的本质属性。概括地说明了图书馆目录的作用,以及它与其他图书目录的区别。

一、图书馆目录的作用

图书馆的主要任务是通过借阅图书资料,来满足读者对图书资料的需求。因此,它应千方百计地搜集符合其方针任务的各类型图书资料。丰富的藏书是图书馆完成其任务的物质基础。一般中、大型图书馆都拥有几万册、几十万册乃至千百万册的图书资料,并且还在不断地增加。所有这些丰富的藏书,只有在读者中广泛地流通才能发挥其作用,否则它就失去了应有的价值。

庞大的藏书是在一定的历史条件下逐步搜集起来的。在时间上看它从古至今;在内容上看它千差万别;在质量上看,它有优劣、新旧之分;以及还有语言上、形式上的种种不同。就读者而言,又有各自不同的要求。因此,丰富的藏书既有满足读者需求的有利一面,也有读者难于了解和查找的一面。

(1)图书馆在长期实践的过程中,认为编制图书馆目录是揭示藏书、宣传图书的最好方法。因为目录通过对每一种图书的著录、分类和标引,而反映出关于每一种图书内容的简要而概括的知识,即目录学知识——关于一种图书的外表特征和内在特征的记载。从而可以使读者确认图书、了解图书和检索图书。它能够满足读者:关于他们所研究的问题,藏书中都有些什么书;某一位著者都有一些什么著作或者关于某一人物都有些什么样的评论性著作;有无一种特定书名的书等等。可以这样说,图书馆目录是图书馆藏书的缩影,对图书馆来说是揭示藏书的工具,对读者来说是检索图书的工具。有人比喻图书馆目录是读者通向知识宝库的桥梁,也有人比喻图书馆目录是打开知识宝库的钥匙。无疑这些比喻都生动地反映了图书馆目录的作用。

除了图书馆目录以外,图书馆为向读者揭示和宣传其藏书,也经常采用开架借阅、新书展览、专题书展乃至口头介绍等形式。实践证明这些形式只能是一种辅助形式。在广度上说都有局限性,一个大型图书馆不可能将其全部藏书开架,即使大部分藏书开架,图书馆目录仍然是必不可少的。如果没有目录,要想在一个大书库里找到一本特定的图书,某人有些什么著作,关于某一问题,馆里藏有哪些图书,那将是十分困难的事情;从时间上说,书展大多是临时性的;从数量上说也只能应付少数读者,不可能满足大多数读者的询问;况且图书馆员自己也无法记住那么多藏书。因而只有目录才可以全面地、系统地、连续地揭示藏书内容,以适应读者从不同角度随时甚至随地的检索图书资料。所以说,图书馆目录是揭示藏书的主要工具。

(2)为了使读者能检索到对他们最有用的图书资料,在揭示藏书时,要对图书的内容、思想倾向、科学价值做出准确地评介和系统地揭示。通过这些,使读者能够了解图书,分析比较图书,以决定自己的取舍。在读者分析、比较的过程中,优秀书刊得到宣传,切合读者需要的图书得到选择。正是在这个意义上讲,图书馆目录起到了宣传优秀图书、辅导读者阅读的作用。所以说正确地评介、系统地揭示藏书,是宣传优秀图书、辅导阅读的客观基础。图书馆面对成千上万的各类型不同的读者多方面要求,绝不能简单地说那本书可以读,那本书不能读的办法去对待读者。当然在揭示图书的内容等方面,要给读者以指导,是完全必要的。

图书馆目录不仅对读者来说是检索图书的工具,而且也是图书馆工作者开展各项工作时的重要工具。在图书借阅、图书采购、编目、解答咨询、编制各种书目和筹备展览等项工作时,图书馆员也必须利用目录,了解藏书,挑选图书,查找资料。例如,在进行藏书补充时,为了解各门类藏书情况,帮助拟定采购计划,补充缺漏,避免重复,就需要查阅目录;又如在编制各种书目索引时,也照样需要查阅图书馆目录。所以说,对藏书丰富,读者众多的图书馆,没有目录这一工具,是难于保证提高工作质量的。

二、图书馆目录的思想性

所谓目录的思想性就是目录的政治倾向性。政治标准是衡量目录思想性的依据。

1.图书馆目录是具有思想性的检索工具。所谓思想性就是在不同的社会制度下,图书馆目录具有不同的政治倾向性。

图书馆目录的性质要同图书馆的性质相一致,受图书馆的方针任务所制约。从图书馆事业发展的全部历史来看,图书馆的存在和发展,取决于人类生产斗争和阶级斗争的需要,取决于社会政治和经济的发展。

图书馆目录思想性是客观的,并不是人为的。目录所反映的图书中的一部分是有思想性的,如何正确揭示、评介这些图书,就是目录思想性的客观基础之一。

读者的多样性也是影响目录思想性的一个客观因素。由于读者职业的不同,政治思想、文化水平不同,在利用图书的目的、要求上就不完全相同。因此必须采取区别对待的原则,有针对性地向不同读者揭示不同类型的图书资料。这里就可以明确一个观点:即图书馆所收藏的一切藏书都是为读者服务的,否则就没有收藏的必要;而其中有一部分藏书又不是为一切读者服务的。这就是我们谈目录思想性的一个出发点。那种把图书馆目录称为藏书"清册"是不符合历史事实的,哪个国家都有禁书,都有保密资料,纯"清册"是不存在的;有些人把图书馆目录说成是"纯推荐性目录",也是片面的。他们一方面忽略了目录的检索职能,另一方面也并不"纯",其"理论"与"目录实践"是相矛盾的。

2.图书馆目录思想性的具体体现,首先在读者目录里要有区别地揭示藏书,也就是以区别对待的原则揭示藏书。目前我国许多图书馆采取划分三套目录——公开(公共)目录、参考目录、内部(保密)目录,或两套目录——公开目录和内部目录的作法。另外也有许多图书馆采用区分读者目录与公务目录的办法来体现这一原则。这种区分就是受图书馆目录思想性所制约的结果。

其次在揭示这些藏书时,通过著录和分类对每一部书做出客观的切合实际的评介,分清优劣、指出其价值,供读者选书时参考。对马列主义经典著作、党和政府的有关政策和法令等应充分利用完全著录法,及时地、充分地予以揭示。

再次,在组织目录时,对那些值得宣传的优秀图书,要做出明显的标志,以起到推荐的作用。此外,需要对目录经常进行检查,对已变化了的情况作及时的调整,使目录始终保持准确性。

采用计算机编目和检索时,也应体现出思想性,只要在款目中标注出公开或保密,并在程序上给予必要的指令,计算机便可根据这些指令识别哪些是公开的,哪些是保密的,按有关指令的要求进行检索。

第二节　图书馆目录的种类及其职能

图书馆藏书多,供给读者使用的广,图书馆目录的种类及形式就需要增多,以适应广大读者和图书馆工作者的不同需求。因此,图书馆目录就不能只有一种,而是许多种。就是说要从不同角度去揭示藏书,但是这些不同种类的目录,彼此之间必须互相联系,互相补充,成为一个完整的整体,从而全面地揭示整个藏书内容。按着不同的标准可以将目录划分成以下几种:

一、按使用对象的不同分

1.公务目录　又叫工作目录或勤务目录。主要是供图书馆员在编目、采购、参考等项工作时使用。采编工作中无论是查重,还是核对编目正确与否,都要经常查阅目录。此外,一些图书馆的公务目录,也还对读者承担未反映在读者目录里那部分藏书的检索职能。

2. 读者目录 又叫做公共目录,主要是供读者在借阅图书时使用。读者目录同公务目录相比,读者目录是主要的。所谓图书馆目录的任务,主要是通过读者目录来完成的。读者目录质量的好坏,直接关系到图书馆藏书的利用。读者目录一般分为公开的、参考的和内部的三套。读者目录通常设在借书处或阅览室里。

二、按揭示藏书范围的不同分

1. 总目录 揭示本馆全部藏书或某种文字全部藏书。它能直接回答图书馆究竟有些什么藏书和某一特定的图书本馆究竟有没有这样两个问题。

这里所说的包括全部馆藏图书也是有局限性的,是相对部门目录而言的。事实上在中、大型图书馆里,总目录一般是按所揭示的图书文种而分别设立的。因此,总目录就不是只有一套,就卡片目录而言,不能有一部目录能将全部不同文字的藏书都包括在内。在小型图书馆里只收藏中文图书时,那么一套总目录就可以将全部藏书揭示出来。所谓揭示某种文字全部藏书,主要是指一种文字的图书而言。如以中文图书书名目录作为中文图书总目录的话,那么在这部目录里应揭示馆藏所有中文图书,它能回答某一具体书名的中文图书本馆究竟有没有之类的问题,而部门中文图书书名目录则不能确切地回答这个问题。目前在一些图书馆里很少有完整的总目录,特别是那些历史较久,藏书组织较复杂的图书馆更显得缺少总目录,而往往是几套目录之和起着总目录的作用。这是由于藏书多头而造成的,如几个馆合并藏书后,而由于所使用的分类法又不相同,藏书又不集中必然造成目录多头现象。一般图书馆中文图书都是以公务目录的书名目录为总目录,而西文、俄文图书多以著者目录为总目录。也有一些图书馆是以书名目录为总目录的,读者目录一般则没有总目录。因为读者目录的设置是和藏书组织相适应的,且又多有内部目录与公开目录之别,故没有读者总目录。

2. 部门目录 包括分馆目录、借书处目录、阅览室目录和高等学校的系图书资料室目录等。这些目录的内容只揭示整个藏书的一部分,即某一部门的藏书,以适应藏书组织机构设置的不同情况,为方便该部门工作而设立的。

3. 特藏目录 是指那些在整个藏书中有特殊价值而单独保管的图书目录,如善本书目录、革命文献目录或某名人捐赠的图书目录等。

三、按藏书语文种类的不同分

中文图书目录;西文图书目录;俄文图书目录;日文图书目录;其他语文图书目录等。

各种文字的图书在组织藏书时,往往都按语文的不同分别组织藏书。在组织目录时,因各种文字的字顺不同,而往往单独组织字顺目录。这也适合读者的查找习惯,读者一般只使用一种或两种语言,总是先确定文种再查找。由于西方一些国家文字多为拉丁化字母,如英文、德文、法文等,因此可以统一在一起组织西文图书。而东方一些国家的文字各异,则无法在一起组织字顺目录。而分类目录是可以将不同文字图书集中在一起的。

四、按出版物类型的不同分

图书目录;报刊目录;图片与地图目录;乐谱目录;手稿目录;缩摄图书目录;视听资料目录;特种资料(如:标准、专利、报告等)目录;盲文图书目录等。

在这些不同类型的出版物中,一般说,图书的数量最多,其次是报刊,其他都较少。对这些不同类型的出版物只要文字相同,都是可以统一在一起组织目录的,如果是单独组织藏书的话,则需单独组织目录。在专业图书馆里如果某一类型出版物搜集的多,而利用率又高则可以单独组织目录。如乐谱在一般图书馆里完全可以同图书在一起组织目录,而在音乐专业图书馆则可单独组织目录。

五、按照图书的不同特征分

1. 书名目录　这是按书名的字顺组织起来的目录。其职能是从书名这个特征来检索特定图书。它一是回答图书馆里有没有关于某一特定书名的图书;二是集中同一种书的各种不同版本,并提供关于此书的目录学知识。由于有些书不只有一个书名,还可以用别名、副书名等其他名称编制附加款目予以揭示。

2. 著者目录　它是按著者名称的字顺组织起来的目录。其职能一是从著者方面检索特定图书,二是可以告诉读者本馆藏有某一著者一些什么书,以及关于评论该著者的著作有些什么书等。著者目录的职能比书名目录又广泛一些,有相当大的参考价值。

3. 分类目录　它是按图书内容的学科体系,依据图书馆所采用的分类法组织起来的目录。其职能是从知识门类方面揭示图书。它能向读者揭示某一学科的图书;揭示出学科之间的关系,由此及彼地查找图书资料。

4. 主题目录　这是按书中所研究的内容的主题词字顺组织起来的目录,它又叫标题目录。其职能是按字顺从图书的主题方面揭示图书。表明关于同一个主题都有一些什么书,它将从不同学科角度来研究同一主题的图书集中在一处。

这四种目录的职能是互相补充的,每种目录所揭示的图书的目录学知识是相同的,而不同点主要在于提供了不同的检索途径。

每种目录的独特职能,正是对其他三种目录局限性的补充。因为分类目录是根据图书内容的学科系统组织的,所以成为读者目录中的主要目录,对读者系统地检索图书有重要的参考价值。而公务中文目录的主要目录是书名目录。

六、按照目录载体的不同,也就是按目录的物质形态的不同分

1. 卡片目录　　就是把关于一部书的目录学知识记录在卡片上,卡片标准规格是 7.5×12.5 厘米。然后再将不同的卡片按一定次序排列起来组成目录。卡片目录的优点是能够随时将新到图书的记录加进去,在必要时也可随时撤销。其卡片被装在许多抽屉内,一套目录可供许多人同时使用。卡片目录的缺点是只能在一定地点使用,不能携出馆外,组织管理和使用比较复杂和费事。

2. 书本目录　　就是把各种图书的目录学知识记录在空白的书册上。这是图书馆中通用的形式。它的优点是占地方小,便于携出、查找,同时可以复制许多份,馆内馆外均可使用。它的缺点是不能随时加入新到图书的记录,因而必须编补充的目录。在手工编目的情况下,书本目录的及时性、完整性都较差。但在计算机编目的情况下,编印书本目录则十分容易,可做到每周一本,继而每月一本,每年一本,使之具有及时性及完整性。因此,书本目录可以补充卡片目录之不足。

3. 活页目录　　包括明见式目录,这些目录主要适用于小型图书馆,大型图书馆内很少编制这种目录。

4. 缩微目录　　包括缩微平片和缩微胶卷两种,即将目录内容缩摄在缩微平片或胶卷上,利用阅读机阅读。在英美等国出现的"计算机输出缩微胶卷"COM（Computer Output Microfilm）,也简译为"孔姆"目录,它是由计算机以缩微输出方式直接生产的。一张 14.5×10.5 厘米的 COM 胶片,可包括三千多条记录（款目）,即能代替三千多张卡片;另一种超缩微的 COM 胶片,可以包括几万条

记录,其功能相当可观。缩微目录的优点是:携带方便(比印刷品体积轻便);经常积累,过一段时间,如一个月、半年或一年、几年,将分段积累的 COM 胶片重新缩制成最全的 COM 胶片,代替以前那些分段的 COM 胶片。即便这样往返数次费用也不高,速度又快。这样将新旧书合在一处,也能保持目录的及时性和完整性。复制既方便又节省费用;密集储藏、占地方少。其缺点是不能用肉眼直接阅读而必须借助阅读机使用。

5. 机读目录(MARC) 是机器可读目录的简称。它是以编码形式和特定结构记录在计算机存贮载体上的,计算机程序能自动控制、处理与编辑输出的目录信息(目录学知识)。这些信息只有计算机能够识别,通过电视荧光屏显示出文字记录,或打印出文字记录供人们阅读。其最大优点是检索速度快而准确,质量较高,编目自动化,便于实现集中编目;一次输入多项检索,避免传统目录体系庞杂的现象。其缺点是费用高。

第三节　图书馆目录体系

图书馆目录体系是指图书馆所确立的目录种类及其相互补充和相互联系的有机整体。上节所讲的种种目录是就一般而言,对一个具体图书馆来说,究竟应设立哪些目录,要视具体情况而定。所设立的目录种类应能充分揭示藏书,并且彼此之间要有合理的分工,相互补充成为一个有机的整体。目录体系一经确定就要形成制度,长期坚持,才能更好地保持目录体系的完整性,并可为过渡到机读目录打下基础。

一、确立目录体系的根据

目录体系的确立不能随心所欲,而要以影响确立目录种类的种种因素为依据。

首先以图书馆的类型、任务为根据,即从有利于图书馆任务的完成出发。类型的不同,任务也就不同。例如,读者的文化水平、工作任务不同,对图书资料的需求便不同。目录种类就要适应这些不同。又如,高等学校图书馆的目录体系就不能同一般公共图书馆的目录体系相一致,要有所区别。

其次以藏书规模和藏书组织情况为根据,藏书规模的大小、藏书组织的布局、服务机构的设置情况都能直接影响目录种类和数量的确立。

最后以人力、物力的情况为根据,在手工编目的情况下,需要花费不少人力和物力,还应考虑到编目人员的水平,以及今后的发展需要。为使目录体系保持稳定性、连续性,以及过渡到使用机读目录的可能性,在确立目录体系时要量力而行,务使需要与可能科学地结合起来,不能只因看到困难而该设的目录不设,也不能不顾实际盲目乱设,而最后难于坚持。

二、如何确立目录种类

目录种类众多,以便于从不同角度揭示藏书,但不是目录种类越多越好。为了避免种类多头,体系庞大,就要依据上述三点根据,结合各种目录的职能及其相互关系来确立。

1. 以读者目录为主,正确处理读者目录与公务目录的关系

读者目录同公务目录相比,读者目录是主要的。所谓图书馆目录的任务,主要是通过读者目录来完成的。读者目录质量的好坏,直接关系到图书馆藏书的利用。

解放以后在大多数图书馆中,两者所揭示的藏书内容不同,即公务目录的内容包括图书馆全部藏书,而读者目录内容只包括图书馆认为值得供本馆的读者公开使用的那部分藏书。也就是说,读者目录的内容是经过选择的,从而在理论上得出区分读者目录

与公务目录是社会主义图书馆目录的基本特征的结论。因此说读者目录是推荐性目录,把一种书列入到读者目录中,就是向读者宣传、推荐这种书,意味着利用这种书来影响读者的思想和行动。其实,这种观点在实践上是行不通的。事实上图书馆列到读者目录里的书,并不都是在思想上对读者都能起积极作用的。

所谓正确处理它们之间的关系,首先要严格区别开来,明确各自的任务,即一般图书馆均应分别设立读者目录和公务目录。大型图书馆的读者目录内容应与公务目录相同,只是在使用对象上严格区别开来,既便于馆员工作,又便于读者充分利用藏书。同时读者目录本身再区分为公开的、参考的和内部的三套(或两套),以体现目录的思想性,既能充分揭示藏书,又能宣传好书、辅导阅读,这样才便于发挥图书馆目录的检索职能。至于一些图书馆由于历史上的原因,一时还难于做到时,公务目录还承担一部分为读者使用的功能也是正常现象。

对于中、小型图书馆或某些专业图书馆为节省人力物力,也可以使两者内容不一致,以公务目录代替读者目录的部分职能时,要考虑如何方便部分读者使用公务目录。

2. 正确处理总目录与部门目录、特藏目录之间的关系　总目录一般应以公务书名目录为总目录。有些图书馆的读者目录也有比较完整的总目录(当然不全)。为保证总目录的完整性,在新设立部门目录时,应重新制片,不能随便从总目录中抽出一部分去组成。如出现这种情况,则要在某部门目录撤销时,将总目录中没有的款目归回到总目录中去,以免出现有书无目的现象,始终保持总目录的完整性,以及总目录与部门目录的一致性。各部门目录之间也同样要这样做。因为在实践中,从某部门藏书中抽出一部分书,另组成一部分藏书以适应服务部门设置的需要是常有的事,这时都需注意各自目录的完整性与一致性。缺少完整总目录的图书馆要明确那些目录之和起总目录的作用,以方便使用。上述总目录都是指一种文字图书的总目录而言。

3. 正确处理中文图书同其他文字图书目录之间的关系　首先，一般图书馆目录均应按文字，分别设立。语系相同的文字可以混合组成字顺目录，如西文图书字典式目录，则包括著者款目、书名款目、主题款目和相应的辅助款目组成，这样目录头数是少了，但使用起来不如分开组织方便。目前我国多数还是分设书名目录、著者目录和主题目录，通常称为分立式目录。在英美等国则为字典式目录。其次，分类目录是否将不同文字的图书混合在一起，这要看具体图书馆而定。所谓混合排列，就是在同一个类内的不同文字图书排在一起，如排在一起则先排中文书再排其他文字的图书。一般图书馆均不适于这样做，因为懂得多种文字的读者是少数人，排在一起对大多数读者来说是不方便的，而应分别设立中文图书分类目录、西文图书分类目录等。再次，如在图书馆中，同时有中文译本又有原文本时，要在各自款目中做出记录，以引导读者查找原文书或中译本。

4. 正确处理图书目录同其他类型出版物目录的关系　图书目录是主要的，其他类型出版物均可组织在图书目录里。就一般图书馆来说，原则上只要有图书目录和期刊目录就够了，至于其他类型出版物目录是否单独组织，则应视具体情况而定，如数量多少、读者利用率大小等。总之应尽量减少目录多头现象。

5. 正确处理分类目录与书名目录、著者目录和主题目录的关系　这四种目录是诸多种目录中的基本目录，其他目录都落脚到这四种目录上来，如读者中义图书分类目录、公务西义刊名卡片目录等。一般讲目录体系，就是论述这四种目录的职能以及它们之间的相互联系和相互补充的关系。在目录体系中居主导地位的目录称为主要目录（主导目录）。由于主要目录的不同，目录体系有两种类型：一是以主题目录为主导的体系；二是分类目录为主导的体系。以主题目录为主导的体系，包括主题目录、书名目录和著者目录,其中主题目录有一套参照系统。美国图书馆把主题、书名和著者三种款目混合排列在一起,组成一套完整的字顺目录,叫做字典式目录。日本图书馆则规定这三种目录分别设立,称之为分立式目录。但它们都是以主题目录为主导的体系。在外国一些图书馆里以分类目录为主导的体系是由分类目录、书名目录、著者目录和分类目录的字顺主题索引构成的。在我国图书馆里以分类目录为主导的体系,主要是由分类目录、书名目录和著者目录构成的。分类目录字顺主题索引普遍地没有编制,但有少数图书馆则包括主题目录在内。然而主题目录,目前在我国编制的还很不普遍。但提倡设立主题目录的呼声则越来越高,也有人主张要建立以主题目录为主导的目录体系。

因为分类目录是按知识体系揭示藏书的,其利用率最高,目前我国图书馆多数都设有分类目录。所谓正确处理它们之间的关系,首先是这四种目录是否全要设立? 从当前看,有主题目录的设立问题,著者目录的存废问题;如能全设,固然很好,但事实上全设也是有一定困难的。

分类目录与主题目录都是从图书内容方面揭示藏书的。分类目录是根据分类表建立的。分类表是根据主题之间的不同关系,如等级、同级、时间等按照逻辑的顺序排列而成的。这种排列次序反映了主题之间本质的逻辑关系,所以它提供的资料是有严格组织系统的,从而便于查找主题的相关资料,进行所谓族性检索。主题目录是依据一定的标题表建立起来的,它用规范化的自然语言(词、词组或短语)作为表达主题标目(即标题),按照这些主题标目的字顺组织起目录。主题目录具有直接性、专指性、灵活性、集中性等特点。《汉语主题词表》一书,为编制主题目录提供了有利的条件。但编制主题目录也不是轻而易举的,对分类目录和主题目录同时编制的必要性还值得进一步探讨。因此也有人主张编制分类目录的字顺主题索引来弥补不编主题目录的不足。分类目录的字顺主题索引是将说明分类目录所收资料内容的那些词（即主题词），连同它们的分类号，按字顺排列成一个表，是一个由主题指向类号的工具，其作用能揭示小主题，指引分类号。即通过索引所采用的自然语言标题，把读者查询的主题转换为人为语言的分类号；将在分类目录里把分散了的有关同一主题的书集中在一处。这样可以提供从比较概括的主题查找到比较具体的主题的途径，加强各种目录之间的联系。例如，在同一个题下可将本馆所采用的不同分类法的分类号都指引出来，在一个地方便能同时查到某个主题在几个分类目录中的不同分类号。总之，分类目录字顺主题索引是充分发挥分类目录主导作用的钥匙，又是提供双重的主题查找途径的有效办法。

书名目录查找特定图书的职能，使之在目录体系中是不能缺少的，因此一般图书馆都需要编制书名目录。

著者目录虽然参考作用很大，但由于著者款目量多于书名款目或分类款目，且又不是非有不可（从利用率角度说），所以一些图书馆未编或停编了著者目录。然而对一些专业图书馆来说，编制著者目录还是必要的。特别是可以考虑为部分著者编制著者目录，如有名望的政治家、学者、科学家、文学家和党政机关等，这样做虽不完整，但可以弥补完全没有之不足。在设有主题目录时，也可为部分著者编制人名附加款目。

其次，要注意消灭平行反映的现象。在读者目录中，确定了分类目录为主导目录，那就要避免主题目录、书名目录和著者目录与分类目录之间的不必要的平行反映。如类目与标题相同时，可考虑取一种，分类目录按著者立类时就应同著者目录避免重复揭示同一组书；又如不同版本的图书，则应反映在书名目录里，其他目录里只要收最新版本就可以了。

在确定避免重复反映之后，就要做出必要的使用说明。如一书有几种不同版本时，可在分类等款目上注明其他版本见书名目录字样,或在目录使用说明上概括地指出:分类目录只收新版本,其他版本见书名目录。

在机读目录里,这些关系就容易解决了,只在基本款目上,将书名、类号、著者、主题等项作为可检字段,就把一切问题都解决了。

6. 正确处理卡片目录同书本目录及其他目录形式的关系 目前在我国卡片目录还是一种主要目录形式,在完全实现机读目录以前,它仍然是主要形式。它的主要优点就是灵活性大,随时可以容纳新书;但随着藏书的不断增加,其目录体积就越来越大,组织越来越复杂,给读者使用带来一定的不便。为发挥各种目录形式的优点,就要适当编制书本目录或缩微目录,如为过期的旧刊编书本目录、缩微目录,对利用率不高的图书编书本目录,以减少卡片目录的体积,使之互为补充。同时也可为新书编制书本目录,如新书通报的形式,更可弥补卡片目录之不足,读者在馆外就可以了解藏书。当前有完善卡片目录之必要,为将来实现机读目录打下基础。

7. 考虑图书馆目录同其他书目设备的关系 书目设备是指那些不是以揭示本馆藏书为目的的各种联合目录、专题书目索引等书目参考资料而言。这些书目参考资料有的是本馆自编的,有的是其他馆或科学团体所编的,一般是当作参考工具使用。

这些书目设备,可以用来补充图书馆藏书目录之不足,对宣传图书还是非常重要的。尤其是一些图书馆编的部分专题书目,往往又是以馆藏为根据编成的,而且也注明本馆索书号,如"馆藏农田水利专题书目"等,这就告诉读者一部分馆藏图书内容。对其他馆编的有关书目,只要查对一下,凡本馆有的注上索书号也可以起到揭示藏书的作用,即使不注上索书号,读者从某专题书目上查到所需图书,再去查本馆目录时也就方便多了。将各种书目索引放到目录室里供读者使用的话,这些书目设备也就成为本馆目录体系的一部分内容,在编制图书馆目录时,也可以少编一些不必要的目录。

总之,建立目录体系,就是确定目录种类及其数量,以及它们之间的关系,一经确定就应形成为目录制度长期坚持下去,保持目录体系的完整性。当然随着情况的变化,及时修改和完善目录体系也是非常重要的。

这里我们必须看到,将来实现计算机编目与检索时,目录体系将为之一新,一次输入多项利用,只要一条款目记录,通过各种指令就可以达到多种检索途径的目的。那时的目录形式则要变成以机读目录为主,缩微目录、卡片目录和书本目录并存,互相补充。因此在手工编目阶段还要处处考虑到机读目录的特点,为实现机读目录打好基础。

第四节　编目工作的规章制度

为了保证目录的质量,更好地发挥目录在图书馆工作中的作用,必须制定一系列规章制度,以保证目录内容和形式的统一。这样才能提高图书馆目录的质量。

一、图书馆目录质量的标志

首先要明确影响目录质量的因素都是些什么,这些因素包括目录的内容,揭示图书的方法和目录的形式。目录的内容就是指所揭示的藏书范围,是否有利于贯彻图书馆的方针任务,是否有利于读者的要求;揭示图书的方法,就是看能否使读者认识图书、鉴定图书和方便读者检索,从而正确选择图书;目录的形式要看是否方便读者使用。从读者角度看,目录的质量可以用四个字来概括:准、快、精、全。

1. 准　目录要有唯一性,图书馆若有某一种书,一查就能查到,而查到的正是读者所需要的。不能从目录上看是所需要的,而拿到手一看则完全不对,那就不准确了。

2. 快　也就是及时,节省读者查找时间,这就要将目录组织得合理,方便查找,特别是排片要有规律性,位置要准确。快的另一含意就是新书与读者见面快,编目及时。

3. 精　读者选到的图书资料应是最好的图书资料。如一种书有几种版本,首先要使读者接触到最好版本。

4. 全　所提供的图书资料面应当广,使读者能查到他所需的各方面的图书资料,这对科学研究的读者说来尤其必要。

这就是说编制图书馆目录必须从方便读者利用出发,按照目录应有的规律去编制。由于编目工作是一项非常细致的技术性工作,而且是一项长期积累性的工作,就必须前后一致,才能保证目录的质量,为此就要制定出一系列规章制度,作为编目工作者的准则。

二、规章制度的内容

1. 区分目录的标准　即规定出读者目录的种类及选书标准。在只区分读者目录与公务目录的图书馆,则是需要制定读者目录的选书标准。各类型馆不能有统一的标准,各馆要视本馆具体情况而制定。这是保证目录内容适合读者需要的制度,也是体现目录思想性的一项制度。

2. 著录规则　这是关于著录图书的标准方法与准则。制定这个制度时应着眼从标准化出发,从走向全国实现统一编目出发,目前应以《中文普通图书统一著录条例》为基础。

3. 图书分类法及分类规则　这是保证图书正确分类的依据与方法。在选用分类法以后还应制定图书分类的规则及分类法使用细则。同样也存在统一分类法的问题,这个问题比统一著录规则更难。

4.主题表及标引法　主题表又称标题表,是按图书文献内容的主题词来揭示和排检文献的方法。这也是编制主题目录的依据。1980年科技文献出版社出版了《汉语主题词表》。标引法是对图书文献的主题内容给以标识的方法,也就是如何分析、选择好主题词。

5.目录组织法　这是将款目组成目录时所应遵循的方法。包括字顺目录组织法与分类目录组织法两种。

6.确定图书馆目录体系　即目录种类的确定及其相互关系的制度化。

以上几种制度都要有文字记载,成为所有编目人员共同执行的规则,任何个人不能随便改动,如需改动应经过一定的批准手续,否则必然造成前后矛盾。

除此而外,还应对图书馆目录有经常性检查和校订的制度,有人负责,及时检查,发现错误及时改正或调整。特别是卡片目录破损、丢失等现象是常发生的,为保证书卡相符,及时补救是完全必要的。同时,也还由于形势变化,对各套目录做必要的调整也是常有的。

第二章　图书馆目录的发展

　　图书馆目录在我国有着悠久的历史。世界上现存最早的图书馆目录应是我国汉代的《汉书·艺文志》。我国图书目录一开始就是当时国家图书馆目录，后来才发展成为各种读书目录。在长期实践中，我国古代目录学家创造出许多宝贵的记录图书的方法，积累了许多值得学习的经验，这些经验至今仍在运用着。二十世纪初年又吸收了当时欧美一些国家的编目方法，使图书馆目录得以进一步发展。

　　图书馆目录现在有些国家已发展到一个崭新的阶段，即机器编目和机器检索的阶段。机读目录是在传统的编目方法基础上发展起来的。

第一节　我国古代的图书馆目录

　　图书目录的产生，是和书籍制度的变化与出版事业的发展有着密切关系的。我国古代文化典籍是在奴隶社会向封建社会过渡时期形成的，而图书馆目录则是随着封建社会初期文化的上升而产生，随着封建社会的巩固和封建政府对于图书的集中和藏书楼的建立而出现的。随着图书典籍的增多，就要求有相应的排列法、登录法和检查法。前人便在整理图书的过程中，逐渐地创造了图书馆目录。

根据保存下来的文字记载,一般学者都认为,我国最早的目录是公元前 6 年完成的汉代国家藏书目录,即刘歆编的《七略》。《七略》原书不幸在唐朝以后散失,但在班固的《汉书·艺文志》里还可以看出原书的大概面貌。

一、目录的萌芽

《七略》并不是突然产生的。从公元前第十一世纪到第五世纪,大约六百年时间,包括西周和春秋时代,出现了新的生产关系。奴隶社会逐渐过渡到封建社会,文化提高了,文字的使用扩大了,到孔子所处的时代(公元前 551～前 479 年),人民和贵族的文学作品、历史记录已经形成专门的书籍。但是这些书相当紊乱,所以孔子对这些书籍进行了选择,并且给以删定,加上新的标题和解释,传给他的弟子。孔子删定文化典籍是我国第一次较大规模的整理图书工作。

在孔子前后出现的法家、兵家、墨家、纵横家、道家等都在宣传自己的学说,并且形成了不同的流派。他们各自整理自己的典籍,编写自己的论著,宣传自己的学术思想。因此就需要有整理、编写和宣传对于自己学派有关的图书。正是在这样学术竞争时期,在整理古代文化典籍的过程中,产生了序述"作者大意"的方法,称为"序"——包括全书的提要和全书内各篇的题解,以便读者明了全书的大意。这就是最早的宣传图书的方法。

公元前第三、二世纪间,由于中国统一中央集权的建立,凡是对于巩固封建统治有利的各学派的图书,都在开始做集中的整理。把每一部书的"序录"联结起来,成为包括若干种书的图书目录形式;又把每一个学派的源流讲说明白,作为一个学术思想体系的总序,于是具有完备形式的综合目录产生了。

概括起来说,这个时期(从孔子到刘向的五百年间)是我国目录工作从萌芽、发展以至成长的时期。其特点：一是对于古代图书典籍的整理和校订；二是对图书典籍编写序录，从而引起给自己的论著编写序录；然后根据许多书的叙录汇编成综合性的目录。公元前一百多年左右，杨仆编的"兵录"也就是一部独立的目录。因此也有的目录学家认为，实际上我国第一部目录应是杨仆的《兵录》。到了公元前一世纪末年，刘向、刘歆父子采用了孔子以来的目录学上的经验与方法，完成了空前的校书事业，并奠定了我国目录学的基础。

二、《七略》的产生和意义

1.《七略》的产生　到了汉朝，儒家学说的地位巩固起来了。汉武帝时开始收集图书，"建藏书之策，置写书之官，下及诸子传说，皆充秘府"。公元前 32 年汉成帝继承了帝位，为进一步搜集图书，一面命"陈农求遗书于天下"，一面命刘向为"校中秘书"，命刘歆和他父亲一同"领校秘书"。刘向父子都是汉朝时的贵族，"父子俱好古，博见彊志，过绝于人"。刘向担负政府图书馆的校书编目工作以后，首先建立起组织机构，聘请了一些具有专门知识的士大夫分工合作。他们整理图书的过程是：搜集众本——把拆散的重新编整起来，把重复的和错乱的篇章重新排比起来；校定文字——把错字校正过来；编定内容——写成新本。这三点称为"校雠学"或"校勘学"。随后是分类编目——在新本的篇目后面再写叙录，介绍全书的内容、作者事迹以及对该书的评论等，"每一书已，辄条其篇目，撮其指意，录而奏之"。刘向在公元前 7 年死去，刘歆继承其父的工作又搞了一年，便在公元前 6 年编出了《七略》。同时将刘向领导下编制的叙录，按照《七略》的分类，编成了另一部较详细的提要目录《七略别录》，简称为《别录》。

《七略》是我国第一部综合性的分类目录，其中著录图书有603 家，13219 卷。《别录》是我国第一部比较详细的提要书目。

2.《七略》的意义 《七略》奠定了我国图书馆目录的基础,给以后目录的发展以极大影响。首先它是一部分类目录,出现了我国第一部图书分类法。这部分类法,要比欧洲第一部正式分类法——德国的吉士纳的《万象图书分类法》(1545 年)早 1500 多年。《七略》将全部图书分为七部分,每部分称为"略"即辑略、六艺略、诸子略、诗赋略、兵书略、术数略和方技略。略下面分种,种下面分家。辑略据考证是总叙而不是类目,所以实际上只有六大类。在分类理论上,"七略"依学术性质为分类标准。对文艺作品(诗赋略)也依文学流派来分类,而不是依文章体裁来分类的。它的主要目的在于"辨章学术,考镜源流"。这样就使得分类法能够反映出当时学术界的成就;同时它也把作为当时的正统思想的"六艺"放在首位,可以说是分类法思想性的表现,这一点对以后是很有影响的。每一类书的前面都有类叙,介绍这门知识的起源发展和主要流派,对读者是有帮助的。

另一点,它第一次确立了图书著录的方法,即初步确定了图书著录事项和格式。同时还用了互见、别裁(分析)法,以及附注等方法,更重要的是编有精粹的内容提要。这些方法也还是我们今天著录图书的基本方法。由此可见,《七略》是我国图书馆目录的优秀典范。

三、从《七略》到《中经新簿》

这段历史是从汉朝经三国纷争到了晋朝。这个时期纸已经发明了,除简策图书外,出现初期的纸书(写本书)。

在刘向、刘歆以后的第一位目录学家是汉朝的班固。他出身于史学世家,编撰汉书一百卷,《艺文志》就是汉书里面的一篇。《艺文志》的命意是:艺指六艺;文指文学。所以用"艺文"二字来称名,包括六艺百家和一切图书的目录。从此"艺文志"就成了我国史学和地方志里目录部分的专名。班固尊重刘歆的编目思想,依照《七略》为根据,"删其要,以备篇籍",做了增补改编工作,包括当时新出现的一些著作。这样《汉书·艺文志》便保持了《七略》的基本内容,成为我国现存的最古的图书馆目录,是研究我国古代典籍的唯一依据。

自公元二世纪后,汉朝统治逐渐腐化,社会大动乱,干戈不息,处于分裂状态。直到晋朝时中国才又统一。当时两汉文化逐渐衰竭,新文化因素逐渐产生。西晋武帝时的秘书监荀勖根据三国时魏国的郑默所编国家藏书目录(中经),编造了《新簿》称《中经新簿》(又称《晋中经簿》),荀勖也是"依刘向别叙,整理记籍"。在编写提要方面,荀勖只给刘向作了必要的补充(主要对新出的书)。这部目录的特点:

1. 改七分法为四分法　他把图书分为甲乙丙丁四部。甲部记经籍,相当于《七略》的六艺略(经);乙部包括诸子、兵书、术数、方技四略(子);丙部是历史(史),这是新增加的;丁部的内容相当于诗赋略(集),还包括有图赞和汲冢书。这就是四部分类的起始。

2. 这四部都没有名称(类名)　可以推想荀勖还不是把图书分为四大类。

3. 丙部的史书代表了这时期新出现的著作即新兴的学问　自汉朝以来历史地理方面的著作特别多了。这些是《七略》中所没有的类目,荀勖不得不为它们设立一个新类。这也是新学问影响分类法的一个明显的例子。

4. 荀勖时代佛经翻译事业已经兴盛起来　当时已有了专记佛教的目录,但荀勖并未在综合分类目录里面给它一个位置,而是把佛经另编了两卷目录,附在"中经新簿"之后。如果从当时儒家思想和佛教思想相对抗这一点来看,荀勖用附录的方法处理佛经是值得寻味的,他显然是站在儒家思想立场上的。这对以后分类法的发展是有影响的。

东晋初年,著作郎李充整理当时国家图书馆的书籍,他根据荀勖的《中经新簿》作标准而把乙、丙两部的图书互相调换一下,成为:甲部——经;乙部——史;丙部——子;丁部——集。由于藏书不多,在四大部之内没有再分小类。从此以后,国家图书馆的藏书目录都沿袭着这个方式,四部分类法得到了流行。从李充以后,政府所编的目录不仅是分类简单,而且著录也非常简单,只有书名和著者,而没有附注和提要。这样简单的目录比起《七略》来自然是一种倒退。

四、从《中经新簿》到《隋书·经籍志》

这段时期间隔 300 年,是四分法从开始到成立的时期,也就是四分法、七分法、五分法和其他分类法同时竞争的时期。这期间私家藏书目录也有发展,这首推王俭(452～489 年)的《七志》和阮孝绪(479～536 年)的《七录》。王俭编了国家藏书目录——《四部书目》用的是四分法,因为当时四分法成为国家图书馆藏书目录的"永制"。但他表请纂修的《七志》却用的是七分法,《七志》包括当时的国家图书馆藏书和私人藏书。王俭本人尊重"七略"的分类方法。因此他仍将图书分为七类,以适应当时读书士子还习惯于七略分类法的要求。

阮孝绪一生勤勤恳恳地搜集图书,他想编一部包括当时公私所有藏书的总目录,他共著录了 37983 卷图书,另有佛经 6538 卷,这就是有名的《七录》。《七录》著录的图书完备,且分类和著录的方法也不同于一般的。由于著录的图书丰富,不可能给每种书编写提要,但在书名之下每立一传,比起当时的其他书目重视说明工作。

在《七志》和《七录》内佛教图书仍是处在"附"的地位,这是由于以儒家为主体的目录学,一向坚持着自己是正统,始终把佛教看做是"异端"。在这样的情况下,佛教僧徒遂根据自己的经藏建立起了佛教目录学,现存最古的佛经目录是南北朝时梁僧祐编的

《出三藏集记》十五卷。这部目录没有叙录，但有"缘起"、"经序"和"列传"三部分，说明佛教的产生和流传以及译者的生平等资料。随后寺院里有专门收藏佛经的图书馆，也都编有目录，自成分类体系。

魏晋到隋300年间公私目录现在都已失传。唐朝初年魏征编了《隋书·经籍志》。这是我国现存第二部最古老的综合目录。魏征是根据隋代和梁代国家图书馆藏书目录和隋代遗书编制的，保存了隋代现实书籍的著录，反映的是我国中古时期的书籍。

《隋书·经籍志》的意义为：（1）它沿用四部分类法，但为每一部定了名，即经、史、子、集。这就成为后世分类法的标准。（2）著录方式上以书名为首，然后以小字注出著者姓名，成为后世中文图书著录时，先书名后著者的先例。（3）它除现存的书外，对真伪、亡佚、残缺的书也分别注明，成为后来稽核项的起源。

五、从《隋书·经籍志》到《四库全书总目》

这一时期在图书出版方面，发明了印刷术，使我们的文化典籍得以更广泛的流通。这个时期里不仅官修目录很多，而且私人藏书目录也很发达。南宋初年尤袤的《遂初堂书目》是现存最早的一部私人藏书目录。它是著录图书版本情况的第一部目录，不过当时未成为普遍风气。直到明朝后期，宋元版本受到特别珍视的时候，记录版本的方法才逐渐完善。

唐代国家藏书目录有《群书四部录》、《古今书录》等；明代的国家藏书目录有《文渊阁书目》、《内阁书目》等。这些目录在编目法方面虽没有什么新贡献，但也还是有些发展。由于出版物数量大，不能再像以前那样写叙录，而是编写提要和解题，并且非常精练。其次是这个时期私人藏书目录又有很大发展，并且出现了第一部关于目录学理论的书，这就是南宋时代郑樵所著《通志》中的《校雠略》。其中很大一部分是讨论图书分类法和编目法的，在我国目录学史上是有贡献的。

清代是我国目录学最繁荣的时期,各式各样的图书目录都相继出现。就皇室而言,有:《天禄琳琅书目》、《续天禄琳琅书目》和《四库全书总目》(亦称《四库全书总目提要》)。前两种是专门注重版本的目录,后一种是十八世纪中叶以后我国图书目录中的典范。《四库全书总目提要》初稿完成于乾隆四十六年(1781年)著录图书3461种,79309卷以及未收四库全书的存目6793种,93550卷。这些书籍基本上包括了清乾隆以前中国古代著作。《总目》按经、史、子、集四部四十四类编排,类有大小序。它的分类方法成为以后全国图书分类的标准,几乎成为统一的分类法。至今还有许多图书馆的古旧书分类仍沿用着《四库》分类法。它的提要是读书人的指南。这是一部在过去时代极有权威的目录,但就编目方法上来说,它是没有创见的,而且由于不用互见和分析,反而不如《七略》了。正因如此,清朝目录学家章学诚著《校雠通义》提出"宗刘"、恢复七略编目法的主张。章学诚的编目思想有很多地方是符合现代图书馆编目法要求的。

第二节　我国近现代的图书馆目录

鸦片战争以后,文化上出现了反帝、反封建的新文化和当时占统治地位的封建主义文化的斗争。因此,在图书目录方面也就是:有些人沿袭着十八世纪以来的目录学方法编制公家或私家藏书目录;另外有些人则力图打破旧传统的束缚而创造了一些新式的目录。

康有为的《日本书目志》和梁启超的《西学书目表》是放弃四部分类法而采用自编分类体系的两种书目。这时期,西方资产阶级思想逐渐输入中国,新学问、新著作、新型出版物日渐加多。旧分类法是不能容纳这些新书的。光绪三十(1904)年绍兴《古越楼藏书目》创造了一种统一新旧图书分类法,这是一个大胆的革新。

二十世纪初,各省相继设立省、县图书馆。他们的馆藏目录都是把图书分为新旧两部分。旧书仍用四部分类法,新书则往往自编一个分类体系。这就是所谓新旧并行制,有些图书馆还刊印了自己的藏书目录,如浙江图书馆等。这时的目录形式几乎一律还是书本式目录,只是在1911年辛亥革命以后,才有极少数高等学校图书馆采用卡片式目录。

五四运动以后,我国社会发生新的变化,新文化运动弥漫到社会生活的各个方面。在这种形势影响之下,图书馆界也发生了革新运动,各地纷纷成立了许多新图书馆。为了使图书能够更广泛的为读者服务,对目录方面也提出了改革的要求。参加图书馆运动的人,多以美国的图书馆事业为准绳,西方国家的图书馆理论和技术方法就陆续输入到中国。

一是卡片式目录逐渐得到流行,许多只有书本式目录的图书馆,逐渐改用了卡片目录。二是目录种类增多了,以前几乎所有的国家藏书目录都是分类目录,这时增加了书名目录、著者目录。同时主题目录理论也由美国搬用过来,许多图书馆的外文书都采用书名、著者、主题混合组成的"字典式目录",而不编分类目录,但大多数图书馆的中文书是编分类目录、书名目录和著者目录。

目录种类的增多和出版物类型的增多,情况就日益复杂,旧日的著录方法已不能适应新的变化,因而也就引起了编目法的改进。开始是把英文图书编目条例移用到中文图书上,沈祖荣、杜定友等都曾这样主张过;刘国钧根据英美的编目理论结合我国目录学的传统,在1931年拟出了《中文图书编目条例草案》,对于中文图书来说是颇为适用的。北京图书馆(原国立北平图书馆)、当时的中央图书馆和一些大学图书馆都采用了这个草案。

在图书分类法方面,也受到了美国杜威《十进分类法》的影响。开始是用它类分西文图书,后来也用来分中文新书,但它不能完全适用中文图书。于是有人增补杜威《十进分类法》的类目来适应中文图书。还有些人则按杜威法的理论,结合中文图书的特点,另编成了一些十进分法类,这种分类法先后出版了三十多种,如刘国钧编的《中国图书分类法》、王云五编的《中外图书统一分类法》等。这些分类法的共同点是打破四部分类法,把一切中外文图书统一在一个分类体系内,然而还没有一个得到普遍的承认。

当时各馆的藏书目录的出版活动也是相当积极的,许多图书馆印刷了它们的全部藏书目录或部分藏书目录。国立北平图书馆于 1936 年起发行印刷目录卡片,供全国图书馆采用,前中央图书馆也曾于 1936 年 9 月发行同样性质的印刷目录卡片。由于抗日战争爆发,两个馆先后都停止了此项工作。

这个时期在党的影响和领导下的上海通信图书馆,为了宣传进步书刊,也编了馆藏书目——如 1926 年《上海通信图书馆书目》(第 6 版),采用的分类法是《S. T. T.* 图书分类法》。目录中着重收录了革命的政治书刊、进步文艺新书和通俗的科学读物,对指导进步青年的阅读起了很好的作用。上海通信图书馆在 1928年被国民党查封。同时国民党政府还发布了一系列禁书目录,查禁革命书刊,当然这些书刊也不允许在图书馆目录中予以反映。仅在 1929～1936 年就先后查禁了进步文艺书籍 309 种,社会科学进步书刊 600 多种。

从图书馆目录的发展过程中,可以看出以下几点:

(1)历代的官家目录都很注重图书目录的思想性,从"·七略"的重视经书和国民党的明令禁书的许多事例都可以说明这一点。

(2)图书馆目录的发展是和文化事业、科学技术的发展息息相关的,特别是图书分类法的变化更是如此。它往往是随着新学

---

* "S. T. T."是上海通信图书馆罗马拼音字的缩写。

问、新著作、新型出版物的出现而发生变化,在不断的变化中逐渐完善起来的,如"四库分类法"就是从早期的四分法发展起来的。

（3）比较成功的图书馆目录大多数是在集思广益的情况下进行的,例如《七略》就不仅是刘向父子的功劳,还有任宏等许多具有专门知识的专家共同参加完成的。至于《四库全书总目提要》,更是许多专家的集体创作。

（4）凡是有成就的"目录"的编制工作都受到当时政府的重视,有些还是在当政者——皇帝的旨意下进行的,因此在人力物力方面都得到了充分的保证,使编目工作能顺利进行。汉成帝命刘向为"校中秘书",刘歆为"领校秘书",以及乾隆诏令纂修《四库全书》的旨意,都为这些成功的国家书目提供了有力的保障。

（5）图书馆目录的进步,也和向西方资产阶级图书馆学学习分不开的。中国的目录学虽有千百年的优良传统,但后期的发展与西洋分类法和编目法的传入是有很大影响的。如卡片目录的引用,著者目录、主题目录的出现,都是向西方学习其先进技术的结果。

第三节　解放后的图书馆目录

中华人民共和国成立以后,图书馆事业得到了较大的发展。图书馆目录在配合图书馆开展各项工作中发挥了应有的作用,图书馆目录的编制理论与方法都有了进一步提高。

首先明确了图书馆目录应当为宣传马列主义、毛泽东思想,和对读者进行社会主义、共产主义世界观的教育而服务。为此,从解放初期开始都对原有藏书目录的内容进行了改造,在实践上强调区分读者目录与公务目录的重要性,即读者目录按着一定标准有选择地揭示藏书。无疑这种作法在宣传优秀书刊,限制不宜于广泛流通的图书方面起到了应有的作用。但在实践中,一些图书馆认识到,所谓经过选择的读者目录内容,并不是推荐性目录,而未包括在读者目录中的那些书,又不能方便需要使用的读者的查找。因此,为了更好地发挥各种藏书的作用,满足读者的不同需求,方便馆员和读者使用目录,便进一步明确了:区分读者目录和公务目录只是从使用对象上的区别。读者目录应在本身上再区分为一般性目录、参考性目录和内部目录(保密目录)。这一原则有利于图书馆目录质量的提高,目前已被更多的图书馆所接受。

为了提高图书馆目录的质量,解放后加强了对旧分类法的修订和新分类法的编制工作。先后编出了《中国图书馆图书分类法》等几十种新分类法,全国各类型图书馆,特别是中、小型图书馆,基本上已用新分类法代替了原使用的旧分类法。新分类法的出现,有好的一面,但也有些不足之处,造成了全国图书馆使用的分类法严重不统一,为实现集中编目、机器编目都带来了很多困难。

1958 年开始由人民大学图书馆、北京图书馆、科学院图书馆等联合编制的中文图书提要铅印卡片、西文图书铅印卡片,向全国图书馆发行。这是实现全国集中编目重要的一步,对提高各馆的目录质量起到了很好的作用。联合编目组编的《中文图书提要卡片著录条例》虽不是全国统一的著录条例,但已成为大多数图书馆修订本馆著录条例的基础。1979 年书目文献出版社出版了《中文普通图书统一著录条例》,这对各馆的编目工作和提高图书馆目录质量,起到了 定的作用。

为了实现全国统一编目,逐步实现利用计算机编目,以及广泛开展馆际协作和检索的网络化,就必须实现图书文献著录的标准化。近年来图书情报界对著录的标准化进行了广泛研究。1979年 12 月经国家标准局批准,成立了"全国文献工作标准化技术委员会"。在该委员会下设立了"目录著录"分委员会,负责组织并领导有关著录标准化的工作。1980 年 7 月在镇江召开了全国文献目录著录标准化学术讨论会。会后成立了由北京图书馆等单位组成的文献目录著录标准起草小组。该组将对有关问题进行研究,并提出标准草案,供全国图书情报单位进一步研究,以便正式提出文献著录的国家标准。

此外,我国还积极开展了计算机编目和计算机检索的研究、试验工作。近几年来,图书馆界对国外先进的编目方法进行了许多研究,翻译了一些书刊资料,并着手做些试验性的研究。首先在情报检索方面做了许多试验性工作。由中国科技情报研究所、北京图书馆等单位参加的《汉字信息处理工程》,就包括用于汉字情报检索的计算机硬件、软件、主题词表及机器翻译等几个方面,其中《汉语主题词表》的编制工作已经完成,并已正式出版。由于汉字信息处理问题还未完全解决,目前实现用计算机编制中文图书目录还有一定困难。

第四节 国外图书馆目录的发展

十九世纪以前,国外图书馆目录也大都是书本式的。在 1870 年左右,有的图书馆采用剪贴的书条,由于软纸的纸条利用不便,于 1890 年左右出现了手写的卡片,但大小标准不一。到 1901 年,美国国会图书馆采用了现在还在通用的标准卡片格式(12.5×7.5 厘米)出版印刷卡片。印刷卡片的出现,对卡片目录的普及、卡片尺寸的标准化和编目条例的统一都是一个促进。1941 年,美国国会图书馆为了防止该馆目录遭到破坏,便把它的卡片目录复制成缩微胶卷,这便是缩微目录的产生,以后 20 多年图书馆目录比较定型。到六十年代初期,由于计算机技术的迅速发展,计算机广泛应用到各个行业。计算机运用到图书馆编目工作以后,使目录的编制和使用产生了革命性的变化。

一、集中编目（Centralized Cataloguing）

这最早是由美国史密逊研究院（Smiethsonion Institute）的杰威特（Jewett）于 1850 年提出来的。他当时建议美国编制全国联合目录，实行集中编目，以节省人力、降低成本、避免重复劳动，还可以提高目录质量。1873 年英国史蒂文斯（H. Setvens）也有类似的建议。这就是早期集中编目的由来。

1872 年，美国《出版商周刊》刊登了按图书著录格式印刷的新书广告，供图书馆编目时抄录。正式向图书馆供应目录卡片是美国图书馆局于 1893 年开始的。四年后，即 1897 年，美国图书馆协会接办这项业务。1901 年又改由美国国会图书馆继承了这项工作，直到现在。苏联集中编目是从 1925 年开始的，最初由教育人民委员会集中编目局进行，1940 年改由列宁图书馆公开发行提要铅印卡片，一直继续到现在。我国最早是 1936 年开始的。

为了推进集中编目的开展，联合国教科文组织于 1965 年在莫斯科召开了一次题为："国际目录卡片发行的现状及其展望"的讨论会。当时大约已有 21 个国家的 75 个机构从事集中编目工作。这次讨论会，就集中编目的现状、作用和存在的问题进行了广泛的交流和研究，并提出了有益的建议。这次会对推进集中编目起了促进作用。

二、合作编目

随着文献出版种类和数量的急剧增长，发行速度的加快，以及国际学术交流的频繁，一个单位进行的集中编目已不能适应文献资料发展和利用的要求了。为了改进国际间书目交流的方法，1965 年，美国各大学图书馆根据美国"高教法案"，每年可得到联邦政府 5000 美元的购书补助费，用以购买国外图书资料；早在

1954年,美国政府颁布"第480号公法",即"发展农产品贸易和援助法",规定接受美国输出剩余粮食的国家,可以用该国货币付款的方式进行交易。美国指定国会图书馆用这些钱在各国购买当地出版的图书资料。为能将购到的图书资料及时编目,1965年美国在集中编目的基础上,建立了"全国采购、编目规划",即"合作编目规划",就是美国国会图书馆在与有关各国协商的基础上,充分利用各国的国家书目进行选购图书和目录加工,即将各国国家书目的著录事项原样转为印刷卡片,不再另行编目。为此国会图书馆在伦敦、东京、维也纳等地建立了"区域合作编目局",以便与各有关国家书目机构合作,收集书目资料航寄回国出版铅印卡片,供各需要的图书馆使用。这项工作不仅便利美国的图书馆的编目工作,也对其地区局所在国家的书目机构提供了编目、目录工作的合作。

三、在版编目(Cataloguing in Publication 简称CIP)

图书在出版过程中,图书馆集中编目等部门先按照出版社送来的图书校样进行编目,然后将编目资料(一条款目所必备的著录事项)再由出版社印刷在图书的版权页上,以方便读者、馆员利用。图书在版编目使集中编目和合作编目向前大大迈进了一步。这项工作早在五十年代就产生,七十年代得以发展,目前许多国家都进行在版编目。但由于图书在版编目费用比较高,以及图书在出版过程中常有变化,因此图书在版编目还未能全面开展。

四、机读目录和缩微目录

这两种目录也是先从美国出现的,以后扩展到其他许多国家。

机读目录的产生早在50年代末,美国国会图书馆就开始对该馆利用计算机的问题进行调查研究。1965年1月由国会图书馆、研究图书馆协会自动化委员会和图书馆资源委员会主持,在国会图书馆召开了一系列图书馆团体代表会议。中心议题是：听取图书馆团体对 MARC 计划的意见，最后通过了"标准机读目录记录格式的建议"，确定由国会图书馆承担 MARC 试验计划工作。1966 年 4 月开始试制，1966 年 9 月第一次生产出试验性磁带，并从 1966 年 11 月开始向 16 个参加馆发行试验机读目录磁带，后来称为 MARC Ⅰ。通过试用又进一步做了改进，于 1967 年 6 月试制出 MARC Ⅱ，到 1969 年 3 月正式向全国订购馆发行 MARC Ⅱ格式的英文图书记录磁带。后来又生产出连续出版物（1970 年）、地图（1970 年）、影片（1971 年）、手写本（1973 年）、乐谱（1975 年）、录音（1975 年）等资料类型的机读目录格式。同时发行资料的文种也逐渐增多，到 1976 年已发行全部拉丁文字的 MARC 磁带。

自从美国国会图书馆创制机读目录以来，许多国家纷纷进行研究、规划、试验，建立了自己的机读目录文献库。目前已有几十个国家建立了机读目录文献库。各国 MARC 有各自的特点，格式不完全统一，为信息交换造成了困难。为了解决这个问题，1971 年建立了超 MARC 系统，作为一个国际系统，供各国 MARC 格式交换使用。近年来又在搞通用的 MARC，供各种 MARC 转换用。这是一种伸缩性、兼容性更大的 MARC 格式。

机读目录的产生是图书馆目录史上的一次划时代变革，利用这种"机读目录"磁带，可以生产书本式目录、目录卡片和各种书目。传统的、分散的手工编目变成集中的机械化的自动编目。它可以一次输入多次利用，一处编目（生产磁带）多处使用，一个中心，多处终端进行联机检索，不仅一国内可以进行联机检索，而且国与国之间也可以通过卫星进行联机检索。利用终端显示，直接检索数据库中的资料，可不再利用卡片目录，美国国会图书馆原打算 1980 年停止使用卡片目录，改用联机检索，由于一些准备工作未做好，推迟到 1981 年实行。机读目录为读者快速、广泛查找资料创造了十分便利的条件。

机读目录出现不久,又产生了用电子计算机结合终端设备输出缩微品的方法的孔姆方式,生产出缩微平片和缩微胶卷的目录,是卡片目录的经济有效的代用品。加拿大一些图书馆,已经停止使用卡片目录,他们是联机检索书目记录和用孔姆方式编制的缩微目录并用。

由于机读目录和缩微目录的出现,传统的卡片目录和书本式目录的作用大大降低了,但它们不用任何机器就可为人们所直接阅读的优点仍然在发挥作用,仍可弥补前两种目录形式之不足。因此今后发展趋势,可能是四种目录并存的局面,即新入藏的图书资料采用联机检索;利用率高的图书资料采用缩微目录;旧书和呆滞书仍可采用卡片式目录和书本式目录。这几种目录将互为补充,成为一种新形式的目录体系。

科学技术的迅速发展,图书馆目录将来还会向前发展。英国从1978年9月起,开始利用电视向观众介绍收录在《英国国家书目》上的书籍。

五、编目和目录检索网络化

机读目录的出现,将集中编目和合作编目推向一个新阶段。合作编目的进一步发展是建立在电子计算机和通讯设备基础上的网络化系统。网络系统的中心设有书目数据库,如美国俄亥俄学院图书馆中心,是使用分时系统的大型图书馆操作的书目工作自动化系统。各参加馆只要利用本馆的终端可以对资料库的书目资料加上本馆的索书号,并可输入本馆原始记录。这样就可以利用中心的数据库检索图书资料,亦可利用系统中心印制的目录卡片。俄亥俄学院图书馆中心,目前已成为一个美国全国性的电子计算机编目和检索系统,它主要用于合作编目和印刷目录卡片,服务于美国47个州1500多个图书馆。华盛顿图书馆网络系统,1978年已有150万条记录的数据库,为参加馆提供目录卡片和各种目录服务,1979年又和澳大利亚等国家图书馆建立了联机检索。

早在1974年美国就成立了"全国书目控制协调委员会",为了达到建成全国图书馆网络化,美国各大型图书馆网络负责人组成了"网络咨询小组",1977年改名为"国会图书馆网络咨询委员会"。其任务是将各个不同的目录体系联络起来组成全国性的编目和检索的网络。与此同时,欧洲和其他地区一些国家,也建立了一系列网络。

六、图书著录标准化

从集中编目到计算机编目都要求有共同的著录标准。早在十六世纪末,西方一些图书馆学者们就开始讨论集中编目和统一著录的一些理论问题。1908年英美两国联合编制了《英美条例》,可以说是早期国际间的图书统一著录条例。其间许多国家都制定了本国的统一著录条例,并出现了地区性的统一著录条例,如在欧洲较普遍使用的《普鲁士条例》。为了解决统一著录问题,1961年在巴黎召开了"国际编目原则会议",会上提出了在目录和书目工作中能在国际范围内,为大家广泛理解、接受和使用的"原则声明"。在原则声明的基础上,许多国家都据以修订或编制自己的编目条例。1969年在哥本哈根召开了"国际编目专家会议"。这次会议确认了巴黎会议的原则声明。会上在提出一些修改意见的同时,还决定了组织编制《国际标准书目著录》(International Standard Bibliographical Description,简称ISBD)的工作会议。按照会议的精神,国际图书馆协会联合会和联合国教科文组织合作进行《国际标准书目著录》的制定工作。自1970年以来,已先后出版了处理各种不同类型出版物的著录标准:

ISBD(M)	专著的著录规则	1974年
ISBD(CM)	图谱资料的著录规则	1977年
ISBD(S)	连续出版物的著录规则	1977年

ISBD（NBM）　　　　非书资料的著录规则　　　1977 年

ISBD（G）　　　　　著录总则　　　　　　　　1977 年

ISBD（M）的出版受到国际图书馆界的重视，许多国家都以此修订本国著录条例或直接用作本国的著录标准。ISBD（G）是为统一各种 ISBD 而制定的，负责批准标准的机构是"国际标准化组织"。

1978 年《英－美条例》（AACR Ⅱ）出了第二版，在目前，仍是国际上有影响的一部著录条例。

从国外一些国家的现行编目的新方法中使我们认识到：首先是集中编目和合作编目将代替分散的个体编目。一个国家应当有国家的编目和检索中心、地区编目和检索中心，在我国目前还没有形成这样的中心。因此，早日正式建立编目中心将对我国编目工作的发展起十分重要的作用。其次是机器编目与检索终将代替手工编目与检索。机器编目与检索的优点是速度快、质量高、用途广。为早日在我国实现计算机编目，需要解决的问题很多，除计算机技术的提高，汉字信息处理设备的解决外，还有许多图书馆本身业务上的准备，如确定标准、制定应用的详细方案等。这些工作需要设立全国的职能或协调机构，集中力量，分工负责去研究、试验，才能组成全国统一的计算机编目和检索的网络化。

第三章 基本著录法

第一节 基本著录的一般原理

一、图书著录法

这是著录图书时所遵循的方法,也叫图书著录规则或图书著录条例。它是图书馆在长期编目实践中,从图书馆的方针任务出发,根据图书本身的客观情况,结合读者需要,而制定的一整套有系统的记录图书内容和特征的具体方法。它是编目工作者的操作规程。其内容包括图书著录的原则;图书著录的方式方法;图书著录的内容——著录事项;图书著录的语言、根据、格式等。

图书著录法是编好目录的保证,也是编目工作的依据。它应该随着图书情况的发展而变化,以使自己内容更加丰富,更加切合于新的实际。它应使目录易于为读者所了解和使用。只有图书著录法的规范化才能保证著录的统一,前后一致,各种目录一致。不仅在一个图书馆内著录要统一,就是在一个国家内也应当有统一的图书著录法,这样才能便于在全国开展集中编目,进一步过渡到使用机器编目。

图书著录标准化,已尖锐地摆在我们面前,当前我国还没有统一的、标准的图书著录法。我国从"七略"第一次确立了图书著录方法,至今已有近两千年的历史,其间创造了许多著录图书的宝贵的经验,具有优良的传统。但由于长期分散的、手工的、个体的编目结果,没有形成统一的图书著录法。建国以后,中文图书著录逐步趋于统一。1958 年由人民大学图书馆和北京图书馆,联合拟定的《中文图书提要卡片著录条例》,为统一著录创立了良好的开端。1979 年书目文献出版社出版了《中文普通图书统一著录条例》(以下简称《条例》),进一步为实现全国图书著录标准化打下了基础。尽管这个"条例"还不完备,但已经被大多数图书馆所采用。

二、著录、款目、目录

对揭示图书内容、价值及物质形态进行分析和记录的过程称为著录,其结果则称为款目——即依据一定的方法对一定图书的内容、价值和物质形态所作出的每一条记录称为款目。有人也称款目为著录。"著录"与"款目"这两个词,长期来是当作同一个概念来使用的,这样容易发生混淆。著录是编制款目的过程,也就是记录或描写图书的过程,而这个过程产生的结果,就不应用同一个词来表达。"著录"是个动名词,表示的是编制款目的工作。因此应当把记录图书的过程称为著录,把记录图书的结果称为款目。在图书馆实践中,还因为款目多是记载在卡片上,因此有人也就把款目俗称为××卡片,如书名卡片,指的就是书名款目。

款目是关于一种书的记录,许多款目便组成了整个藏书的记录。这就是说款目是组成目录的单位,将许多款目依据一定方法,组织成为具有一定体系的一套记录,便成为目录。因此著录就是编目工作的第一步,即编制款目。将款目组织起来就是编目工作的第二步,即目录组织。

三、款目的作用

款目的作用在于使读者能够了解图书,确认图书,从而选择图书。款目记录着图书的主要特征,使读者获得关于本书的目录学知识——本书的主要内容及其价值;同其他图书的区别或同本书的其他版本的区别;规定本书在目录中的位置,以便查阅的人能够容易而迅速地找到它。正是由于款目能够使人了解一种具体的图书,才使目录能够揭示整个藏书内容。由此,款目的质量直接关系到目录的质量。

四、款目的内容——著录事项

用以揭示图书内容、价值和物质形态的图书特征称为著录事项。这些事项构成了图书著录的内容。它可分为一般著录事项、特殊著录事项和图书馆业务注记三种。有人称著录事项为著录项目。

1. 一般著录事项

(1)书名项——就是图书的名称,这是最重要的事项,每部书都有它的名称。书名一般能说明图书的内容,并能区别于其他的书,是读者将据以检索图书资料的根据之一(有人称之为题名项,使其能概括各类型文献的名称)。除书名外还包括书名后面的解释文字,有的条例将这部分内容单独列为一项,称为题下项。这是对书名的补充和解释书名的语句,可以帮助读者进一步了解图书的内容、范围、用途等。书名是认识图书的起点。

(2)著者项——即撰写或编辑图书的个人或团体,前者称为个人著者,后者称为集体著者。借助著者可以了解该书的价值,同时也是人们认识、区别图书的一个重要标志。

(3)出版项——表示一部书的制造和出版情况,包括出版的时间、地点、出版者及版刻的类别和版本的次第等项。

(4)稽核项——这是图书在物质形态方面的特征,包括图书的册数、页数、有无图表、开本大小、装订形式、价格等。

(5)丛书项——记载丛书名称、著作人和丛书的编号。通过丛书项可以帮助人们认识图书的性质、作用和价值。丛书项在以前的俄文图书著录条例中称为题上项,除包括丛书名称外还包括机关团体名称。《条例》没有这一项,而把丛书名称列到附注项内容里。

(6)附注项——因为上面这5项,有时还不能完全说明一书的特点,这时就需补充一些能进一步说明图书内容、价值的材料,如对著者的考证、图书的目次、附录等。这些材料统称为附注。

(8)提要项——为了更充分地认识图书,而对图书内容、价值做出简单的评价,包括指出其政治立场和科学价值等,这就是提要。编写提要是我国目录学史上优秀的传统。

以上各项是任何种类款目都应当有的,或者可能有的。

2. 特殊著录事项 它适用于一定种类款目,而不适用于一般款目的事项。

(1)类名或分类号——这是在编制分类款目时所特有的。要著录出类名或其代号(分类号)实际上都是著录类号而不著录类名,类号在分类款目上起着标目的作用。

(2)主题——亦称标题,是编制主题款目时所特有的,即将图书主题作为标目,著录在主题款目上。

(3)子目或目次——这是为了揭示内容复杂的图书而增加的,一般用在丛书和多卷书著录上面。

(4)"本馆有"——这是为了表示图书馆中收藏丛书、多卷书、连续出版物详细情况的。这一项也只适用于丛书,多卷书和连续出版物,是子目项的一种变化形式。

(5)出处项——它是分析款目上记载分析出来的材料的出处或来源,是分析款所特有的。

3. 图书馆业务注记 这是图书馆目录所特有的一项记录,它不是关于图书本身特征的记录,不是揭示图书内容的,而是图书馆工作者为执行工作便利,而不可缺少的材料。其内容包括:索书号,完全分类号,登录号及藏书地点,根查。过去的一些教材中都将目录分类号也列为图书馆业务注记的一项内容,这是很不妥的。分类号如上所述,是分类款目的标目,起着揭示图书内容的作用,除分类款目而外,其他任何款目都不需要有分类号,因此将目录分类号也列入到图书馆业务注记里是不适当的。

这三种著录事项,构成图书著录的内容,提供着一种书的目录学知识,最重要的是一般著录事项。

五、著录事项的组织

上述著录事项选定以后,还必须按一定顺序组织起来。一般著录事项可分为三个部分,即著录标目、著录正文和注释。

1. 标目 这是决定款目在目录中的排检次序和款目性质的一项图书特征。一般是款目上开头的一项。1961 年在巴黎召开的国际编目原则会议通过的决议上称标目——是决定款目在目录中的次序的主要因素。读者在检索图书资料时,总是从他已知的事项出发,为了能够检索到他所需要的图书资料,必须将读者可知的图书特征(或曰主要因素)列在款目的首位,作为排列款目次序的根据,使之成为读者检索时的媒介。所以著录时首先要选择标目。

标目的选择取决于图书本身的情况和目录种类的要求。书名目录就要求以书名、副书名等为标目编制书名款目;著者目录就要求以著作人、编辑人等为标目编制著者款目;分类目录则要求以目录分类号为标目编制分类款目;主题目录则要求以主题为标目编制主题款目,如此等等。所以说标目的不同,款目的性质也就不同。

2. 著录正文 这是指由书名项、著者项、出版项、稽核项和丛书项组成的整体。都是关于图书外表特征和物质形态的记录,是读者借以了解图书、确认图书的依据。

3. 注释 指的是附注和提要项,是对正文的进一步补充,特别提要项是帮助读者了解图书、确认图书最为重要的一项。由于简化著录均不著录提要项,附注项也往往不著录,这便直接影响到了款目的质量。概括的说标目提供一书的检索点,而著录正文和注释提供一书的目录学知识。

图书馆业务注释虽不属于揭示图书内容方面的著录事项,而是编目工作所必须的事项,在组织著录事项时切不可忽略,是款目上绝不可缺少的部分。

六、著录事项的取舍

这样多著录事项是不是任何图书馆在著录时都必须选用呢?当然不一定。这要看图书本身的情况,如果主要著录事项已经很明白了,附注项则可不要,或精选,不必书上有什么就录什么。著录事项的取舍也还决定图书馆的目录体系,如有主题目录则需选择主题项,如无主题目录则就不必选主题事项了。又如在手工简化编目情况下也很难做提要项了,那也就不需编制提要项。辅助款目的著录事项,也可以简化,不一定各种款目的著录事项都一样全。

七、著录根据

这是著录事项的来源。图书著录所描述的乃是整个的一部书。著录事项应该取材于图书本身。从著录观点看,一部书通常是由书衣、封面、扉页、题词页、半书名页、书名页、序、凡例、目次、卷首、正文、卷末、附录、跋、索引、版权页等构成。这是一部书的大致结构,当然并不是每书都如此。这些部分都是著录事项的来源。

著录的主要根据是书名页。书名页上通常总是记载着书名、著者、出版地点、出版者、出版时间等。此外还有一些其他材料,如丛书名称、图书用途等。所以书名页上提供了主要的一些著录事项,成为著录的主要根据。

其次是版权页,又叫版本记录页。现在版权页很不固定,有时在"前扉页"的背面或封底前的一页,或在书名页背面或封底。版权页是对书名页的补充,著录出版项一般应以版权页所题为准。

一般图书只有一张书名页,有些图书则有两张书名页,通称为对照书名页。多数情况是丛书、多卷书或连续出版物的总书名页和分册、分卷的书名页。著录全部书籍时以前者为准;著录一册或一卷时以后者为准。另一种情况是有两种或两种以上不同文字的对照书名页。著录时通常以与正文相同文字的书名页为准。除此而外还有装饰性的对照书名页。

除了书名页、版权页以外,图书的封面、卷端标题以及书脊上的记载也是著录时的根据之一,但与书名页上所题不同时,则应以书名页为准。

对于稽核项、附注项和提要项的著录则需要查阅全书才能确定。通过检查一书的目次、附录、序、跋以及正文等,选出有助于说明图书内容、价值的材料而编入到有关事项中去。特别是提要项的编制,仅依照出版社编的内容介绍是不够的,为了更准确,则往往需要查对全书内容,仅根据书名页是不够的。有时全书也不能提供必要的著录事项,就需编目工作者根据有关工具书进行考查而确定。

八、著录的语言、格式、字体

著录所用的语言必须保证明白易懂,确切恰当,简单扼要。

1. 著录格式 指的是款目内各种著录事项的组织、排列顺序及其表示方法。著录格式依目录的形态、款目性质、目录用途等而不同。书本式目录的格式不同于卡片目录,基本款目的格式不完全同于辅助款目格式,公务目录的格式不同于读者目录的格式。格式的整齐划一可以大大地提高目录的效率,有利于转换成机读目录的形式,便于机器编目。

2. 卡片式目录的格式 格式有两种,一种称为段落式空格法,另一种为段落式标识符号法。段落式空格法就是将全部著录事项划分成几个著录段落。有的一项为一个著录段落,有的两项为一个著录段落。每一个著录段落都单独起行,项与项之间用空格来表示;同一个段落里两个著录事项之间用空两格来表示;同一个著录事项里面的各小项之间用空一格来表示。段落式标识符号法,也是将全部著录事项划分成为几个著录段落。同一个著录段落里的不同事项都给予一个固定的标识符号,作为该项的标识符号,而不采用空格法表示。北京图书馆标准化小组1979年起草的《全国文献目录著录标准(草案)》中的著录格式就是采用了标识符号法,这是参照《国际标准书目著录》格式提出的。两者比较,空格法简单明了,眉目清楚;而标识符号法较为复杂,但便于和国际文献著录标准一致,且适于转换成机读目录形式。由于我国汉字的特点,运用空格法更好些。所以,这里主要讲述空格法。

现行中文图书著录条例多是五段空格法,即将七个著录事项分成五个著录段落:书名项;著者项、出版项;稽核项、丛书项;附注项;提要项。书名项自成一个著录段落,列于著录正文之首。书名从第一竖线写起,如有解释文字则从书名后空一字写起,或照原书用"( )"或":——"表示也可。一行写不完时需回行,第二行向后空两格(即空两个字)写起,第二次回行时同第二行对齐。著者项同出版项合为一个著录段落,另起一行从第二竖线写起,即比书名第一个字向后退一格写起,两项之间空两个格,各小项之间空一个格,回行时,同书名项第一字对齐(以下各段回行时均照此)。稽核项同丛书项合为一个著录段落,另起一行,同著者项对齐,两项之间也空两格,同时丛书项要用"( )"括起,每小项间也空一格。附注项和提要项各为一个著录段落,都另起一行,附注项同丛书项之间空一行。

图书馆业务注记中将索书号写在卡片左上角,完全分类号写在卡片圆孔右方,登录号及藏书地点写在卡片背面;现在一些图书馆则写在卡片正面左下方,根查写在卡片背面圆孔下面(圆孔朝上),凡在背面做记录时一定要写在圆孔下面。

下面是卡片式基本款目格式(正面长 12.5 厘米,宽 7.5 厘米,限于版面,所排尺寸较卡片实物小)。

索 书 号	书	名	项
目录分类号	作版(丛书项)	著者项:(著者姓名及著作方式　副著者姓名及著方式)　出版项:(出版地　出版者　出版期　版次刻)　稽核项(页数或册数　图表　开本　装订　定价) 附注项 提要项 ◯　　　　　　完全分类号	

目录分类号只出现在分类款目上,基本款目上不记目录分类号,格式中只表示在分类款目上目录分类号的位置。

下面为卡片背面。

◯

共×片

根查　(各种款目的记载)

登录号及藏书地点

下面为《条例》铅印卡片格式。

书名项
著者项(著者姓名及著作方式　副著者姓名及著作
方式)　出版项(出版地　出版者　出版期　版次　版刻)
稽核项(页数　图表　开本　装订　定价)
附注项
提要项
书名原文

中图法	科图法	中小型			
分类号	分类号	分类号		发行号	专题号
编印日期		◯		统一书号	编印号

　　两者比较起来无大的区别,只是在《条例》中将丛书项归入到
附注项内。

　　卡片例一:

Ⅰ512.44　　杜布罗夫斯基
25
　　　　(俄)普希金(Пушкии, A. C.)著　刘辽逸译
　　北京　人民文学出版社　1958年
　　　106页　32开　0.21元　(文学小丛书)

◯

卡片例二:根据"条例"编的基本款目。

杜布罗夫斯基
（俄）普希金（Пушкии，А.С.）著　刘辽逸译　北京
人民文学出版社　1958年12月（1979年1月重印）
106页　32开　0.21元

文学小丛书
　　　　　　　　　　　　　　　　　　41－12（78）
Ⅰ512.44　45.52　K415　　（78）京所一字214—号—13（32）
1979年4月29日重印　　　　10019　1098　79—2325

　　　　　　　　　　○

在卡片格式上,一定的位置和一定的距离都给予了一定的含意。如果位置弄错或者段落不清楚就会使查阅目录的人不了解目录的意义。在卡片上除附注项和提要项使用标点符号外,其他各项均不使用标点符号(书名内原有的标点符号除外)。

3.书本式基本款目格式　书本式目录的著录一般来说多是简化著录,不像卡片式那样详细。其著录格式分为两种:

（1）段落式——即著录正文的各项连起来成为一个著录段落,注释合起来成为一个著录段落。回行方法是第一段落一行写不完时,第二行从书名第一字向后空一格写起,再回行时则突出同书名齐。附注项另一行,比书名缩回一字,回行时突出一个字同书名齐。其格式如下:

索 书 号　书名项　著者项　出版项　稽核项　（丛书项）
　　　　　　附注项及提要项
索 书 号　书名项……

○

卡片例三：

I 512.44　杜布罗夫斯基　（俄）普希金（Пушкин, А. С. ）著
　　25　　　刘辽逸译　北京　人民文学出版社　1958 年　（1979 年
　　　　　　重印）　106 页（文学小丛书）
K264.5　记一二九　杨述著　北京出版社　1962 年　第 6 版
　　35　　　66 页　冠图四幅　大 32 开　031 元

○

　　（2）表格式——这就是将各个著录事项分列成栏,逐栏填写。
表格式通常是简化了的著录,没有提要,附注也很简单。出版项往
往用略语,稽核项只记页数或册数。简化到一种书的著录一般只
占一格,所以也叫通栏式,目前这种方法已不大被采用了。其格式

如下：

索书号	书名项	著者项	出版项	稽核项	丛书项	附注项
I512.44 25	杜布罗夫斯基	（俄）普希金（Пушкин, А.С.）著 刘辽逸译	北京人民文学出版社 1958 年（1979 年重印）	106 页 32 开 0.31 元	文学小丛书	

由此可见，在书本式目录里，每条著录所占的地位，无论段落式或者表格式，都比卡片式更为紧凑，更为节约纸张。

图书著录的文字，应该以被著录的图书所使用的文字来著录，字迹要清晰、美观。

九、款目的种类

为了多方面的揭示图书，要编制各种款目。根据目录种类，图书本身的特征情况，以及根据编制款目的方法，款目也有许多不同类别。（1）由于标目的不同，决定了款目性质的不同，即有以书名为标目的书名款目，以著者为标目的著者款目，以分类号为标目的分类款目和以主题为标目的主题款目。这是款目的四种基本类型。（2）每一种类型内，根据所起的作用不同而分为主要款目、附加款目、分析款目和综合款目。（3）从编目程序上分，可以分为基本款目和辅助款目。基本款目是编制其他款目的基础，而在基本款目基础上编制的一切款目统称为辅助款目。

从款目和目录的关系看，每种款目则成为同一种目录的组成单位，如书名目录是由书名主要款目、书名附加款目、书名分析款目和书名综合款目构成。其他目录亦如此。所以说目录的基本类型决定了款目的种类。

款目的种类和目录的关系列表如下：

从性质上分　从作用上分　从编目程序上分

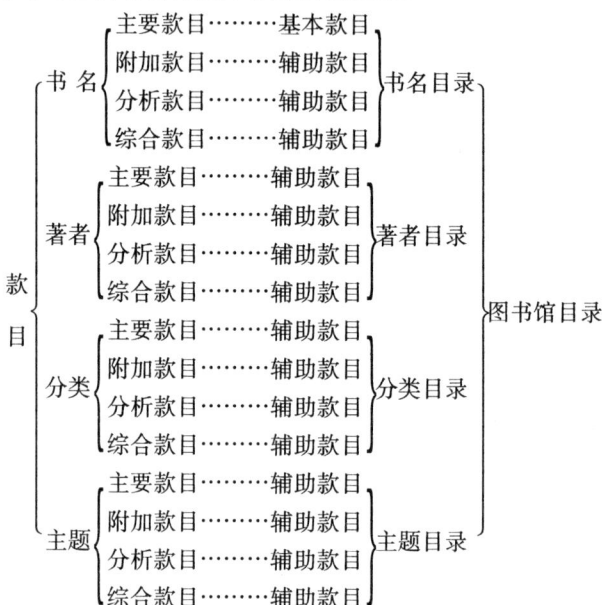

```
          ┌─书名┤主要款目………基本款目┐
          │     │附加款目………辅助款目│书名目录┐
          │     │分析款目………辅助款目│        │
          │     └综合款目………辅助款目┘        │
          │                                      │
          │     ┌主要款目………辅助款目┐        │
          │     │附加款目………辅助款目│著者目录│
款        ├─著者┤分析款目………辅助款目│        │
目        │     └综合款目………辅助款目┘        ├图书馆目录
          │                                      │
          │     ┌主要款目………辅助款目┐        │
          │     │附加款目………辅助款目│分类目录│
          ├─分类┤分析款目………辅助款目│        │
          │     └综合款目………辅助款目┘        │
          │                                      │
          │     ┌主要款目………辅助款目┐        │
          │     │附加款目………辅助款目│主题目录│
          └─主题┤分析款目………辅助款目│        │
                └综合款目………辅助款目┘        ┘
```

十、基本款目

这是著录事项记载最完全、最详细的款目。它是首先被编制起来的,并作为编制其他款目的基础。西文著录法中叫主要款目。款目由于性质不同分为四种,以哪种款目为基本款目更好呢? 也就是以书名为标目还是以著者为标目的问题。这是编目法上争论的一个重要问题,也是首先要决定的一个问题。

西文图书编目法中,都规定以著者为标目编制主要款目,在没有著者或著者众多时以书名为标目。在俄文图书编目法中规定了两种基本款目:对于一般图书是以著者为标目,而对于某些类型出版物则以书名为标目而编成基本款目。日文图书传统上也以书名款目为基本款目,1937 年有人提出改为著者标目,后来几经周折到了 1977 年再版《日本目录规则》时，又回到传统的以书名为标目。唯独中文图书的基本款目长期以来较固定为以书名为标目，虽也有人编过以著者为标目的中文图书著录法，但从未得到过广泛应用。

以书名为标目编制基本款目的理由：标目是人们认识图书的起点。选什么特征为标目就要充分考虑到读者长期的检索习惯。

（1）书名能代表一部特定的图书，能区别于其他图书，一般能表示出图书的内容与主题。因此，书名是人们认识图书的起点。任何图书总要有一个书名，而却不一定非有作者不可，这当然是指著者亡佚，这在书史上是常有的事。在著录时没有著者项则仍具有书目的作用，如《遂初堂书目》便多略去著者项。反之，尽管著者项著录很详细而略去书名则不成为书目了，书名一般能说明图书的内容，而往往也兼有标题的作用，如《图书馆目录》一书就有"图书馆"、"目录"两个标题，对了解图书内容是十分有帮助的。一部分书名还兼能反映出著者，如《毛泽东选集》、《鲁迅全集》等。因此，书名是图书诸特征中最为重要的一项特征，是检索图书的主要依据。

（2）我国过去各时期的图书目录传统上也是先著出书名。从刘向《别录》开始，多采用书名在前。现存最早的一部目录书《汉书·艺文志》是没有太固定的次序的，但从《隋书·经籍志》开始多以书名在前了，其间虽也有著者在前的时候，但始终不是主流。近代图书馆目录虽受西方影响，有人主张过以著者为标目，但始终由于中国目录学史上传统影响很深，一直还是以书名为标目。解放以后已基本上统一，现行《条例》就是以书名为标目的。

（3）出版发行部门编制的有关书目也是以书名为标目，所以图书馆目录的基本款目以书名为标目也便于统一起来，方便工作。

（4）读者到馆借书时，检索特定图书的习惯也是首先举出书名来。

以上几点,说明以书名为标目是符合人们认识图书的习惯和图书本身的特点的,正因为如此,以书名为标目才成为我国目录学史上的优良传统,这同西方各国的著录习惯是有着很大区别的。应当发扬这个传统,坚持以书名主要款目为基本款目。

应当明确基本款目与主要款目在中文图书著录法中是两个不同的概念。从编目程序上说有基本款目和辅助款目之别。基本款目的作用:一是编制各种款目的基础,二是提供较为详细的目录学知识;而主要款目则是指在同一种目录中起主要作用的款目。在现行分立式目录情况下,主要款目则有四种,即书名主要款目、著者主要款目、分类主要款目和主题主要款目。这同西方实行的字典式目录里的只有一种主要款目是不大一样的。

第二节　基本著录的主要规则

首先需要明确图书著录是一项有思想性的工作。通过著录,客观地实事求是地反映出图书本身的政治思想倾向、立场、观点,以帮助读者正确地认识图书、选择图书。其次要重视图书著录的科学性,正确地掌握和运用图书著录法,以做到前后一致。熟悉图书本身的特点,适当地选择著录事项,严格按着著录格式的规定进行著录。因此必须反对形式主义的照抄书名页,而要做认真的分析、比较,才能使著录出的款目,既完整又准确。

图书著录规则是为了充分揭示图书内容,根据图书的共性及特殊性而制定出来的。其宗旨是为了能够准确地记录图书的各种特征。在《条例》中已分条详述了各个著者事项的具体规则,在这一节里着重讲述著录的主要规则,图书的特点,以便正确地理解《条例》中的各项规定的道理,从而能够提高解决问题的能力。

一、书名项的主要规则

书名项由书名及其解释文字构成。书名分正书名、别名、合订书名、平行书名、交替书名、副书名、总书名、分书名、原书名等。

1.**正书名** 这是图书的主要书名,一般图书只有一个书名时,这个书名就视为正书名,如《唐诗三百首》;有时一书有副书名时,前面的书名视为正书名,如《马克思列宁主义哲学(列宁哲学遗产)》、《创世纪(纳西族民间史诗)》等。著录时照原题著录。

2.**别名** 这是指一书有两个或两个以上独立的不同书名,如《红楼梦》又名《石头记》、《金玉缘》,《西行漫记》原名《红星照耀中国》,《关于修改党章报告》改名《论党》等。著录时以收到的书名著录,其他书名在附注项里说明。

3.**合订书名** 这是指一书并列两个或两个以上合订在一起的图书的书名,如《百川书志 古今书刻》,《国际歌 三大纪律八项注意 东方红》,《纪念白求恩 为人民服务 愚公移山》等。著录时一般是几个书名并列,作为书名项内容或分别著录。

卡片例四:

```
Z812.48    百川书志
22         (明)高 儒著   北京   古典文学出版社
           1957 年
               444 页   大 32 开
               本书与《古今书刻》合订




                       ○
```

卡片例五：

```
J642.1    国际歌    三大纪律八项注意    东方红
 33          天津人民出版编辑    天津    天津人民出版社
            1976 年 11 月
            12 页    64 开    0.03 元




                        ○
```

4. 平行书名　这是指同一种书具有两个或两个以上不同文字的对照书名，又叫并列书名，多出现在多语文图书里面。如：

新　英　汉　词　典

A NEW

ENGLISH—CHINESE

DICTIONARY

著录时选择一种文字著录。

5. 交替书名　这是指同一书具有两个或两个以上可以交替利用的书名。交替书名实质上也是一种解释书名，一般没有独立用作书名，不同于别名，如《袖珍神学或简明基督教辞典》。著录时应一起著录在书名项里。

卡片例六：

```
B916    袖珍神学   或   简单基督教辞典
 27      (法)霍尔马赫,保尔(Holbach,B.)著
        单志澄等译   北京   商务印书馆   1972年
        130页   大32开   0.40元

        封面题袖珍神学

                        ○
```

6. 副书名　这是指对正书名作解释性的书名。著录时副书名作为书名项的组成部分。

7. 总书名　这是指丛书、多卷书、期刊等多级出版物的总名称（其著录法参见本书第五章第一节）。

8. 分书名　这是指多级出版物的部分书名,即丛书里面每一种图书的书名或多卷书里的分卷书名（其著录法参见本书第五章第二节）。

9. 原书名　这是指翻译著作的原文书名,如《逻辑学》原文名为 Логика。著录时将原文书名著在提要项后,单起一行。

书名项主要是由图书的名称和记载在书名后面的一切材料组成,但书名后的材料并不一定都构成为书名项内容。

一般图书的书名都只有一个名称,在其名称前后没有任何文字材料,对这种图书著录时就照原名著录,不管其书名中包含有外文字母、阿拉伯数字、化学符号、标点符号、类型标记等均需照录。因为这些内容都构成为书名不可分割的一部分,是确认图书和区别于他书的重要标志。

书名前面的材料大致上可包括下列情形：丛书名称，机关团体名称，图书的读者对象、用途、冠词、著者姓名等。对这些材料有三种处理方法：一是一部分作为丛书项内容，即丛书名称和丛书编辑人，单独作为著录正文的一项；二是指出该书的使用对象，如"高等学校适用"、"高级中学适用"、"工人适用"等，这部分材料作为附注项内容的一部分，因为它既不能构成书名的一部分，也不直接说明图书的内容或价值，但对了解图书又是有用的材料；三是从形式上看构成书名的一部分，如《重订老子正诂》、《插图本中国文学史》、《袖珍本英汉词典》、《钦定四库全书总目提要》等，这里"重订"或"增订"、"插图本"、"袖珍本"、"钦定"等字样，有的用小号字体标出，有的直接和书名连在一起，但共同点多是一书的不同版本的标志，用来说明图书版本情况的，有的构成版次的形式，有的不构成版次的形式。《条例》规定照录，过去的著录法则规定在照录的同时用"（　）"括起，排检目录时除去不计。后种办法是比较好的，照顾到了原书的形式，有利于确认图书，又使其能同该书的其他不同版本排在一起，对读者选择同一书的不同版本是有帮助的。对发挥书名目录所承担的介绍，同一书的不同版本的职能是大有益处的。但对个别情况是不能包括在这个范围之内的，如《袖珍神学》一书中的"袖珍"二字就不是冠词而是书名的有机组成部分，当然不要括起来。

最后还有著者名称与书名的关系问题，这主要指一些语录的摘编，以×××论××××形式出现，如《马克思恩格斯反对机会主义》、《毛泽东同志论政治工作》等。这类书多为马列主义经典作家的专题汇编。所需研究解决的问题，是否要将著者名称算作书名一部分的问题，如"马克思恩格斯反对机会主义"是书名呢？还是"反对机会主义"为书名呢？这方面情况比较复杂，从书名页上看，有的是著者名称为一行，有关专题名称为一行，形式上看，上面是著者，下面是书名。有时著者名称字体小一号，或用不同颜色，有的则连在一起,同时字体也一样大。在内容上多数不是完整原著的汇集,而是一段段语录的汇编。凡此种种,不管著者名称同有关专题名称是如何排列的,都把他作为书名一部分来处理为好,以编辑者为著者。这就免除因情况复杂而造成不统一的现象,以便于读者查找。如是完整著作的汇编则需按一般书处理,即著者名称为著者项内容,专题名称为书名,如斯大林著《论列宁主义基础》。

书名下面的材料大致可以归为下列几种:

(1)表示图书的性质或著作体裁,如"手册"、"指南"、"诗集"、"杂感集"、"注音本"、"英汉对照"等。

(2)表示多卷书的卷数,如"两卷集"、"十卷"等,或卷次,如"第二集"、"上册"、"第五卷"等。

(3)进一步规定内容范围、明确书名含义,如《中华人民共和国法规汇编(1958 年 1 月—6 月)》、《政治经济学(社会主义部分)》等。

(4)表示报告、讲演、宣言等材料发表的时间或地点,或表示批准、核定、通过本书的机关及时间(多出现在"标准"、"条例"、"法律文件"等出版物上面)。

(5)表示图书的用途,如"儿童读物"、"专科学校用"等。

(6)版本说明,如"增订本"、"修订二版"、"第四版"或"根据什么版本付印"等。

这些材料都有助于了解图书的内容或价值,著录时是不可忽视的。对4—6种在一般情况下是写在书名后面,而有时又记载在其他地方,如书名前或版权页上。一些著录条例多分别做出规定,凡原书写在书名后的,就作为书名项内容,凡写在其他处的则分别作为版本项内容,或书名的一部分,或是作为附注项内容。这种规定总的来说是从形式出发的。而实质上这些内容又属于有关独立著录事项的,因此分别归入有关事项为好,如书名下关于版本的说明就应该归入出版项内,不必记在书名项内。

著录书名项以书名页所题为准,没有书名页时以封面所题为准,其他处所题书名与书名页上所题不一致时,需在附注项内说明。

二、著者项的主要规则

1. 著者项的重要性与组成　著者项是由著者名称和著作方式组成。为了进一步区分著者和表示出著者所处的时代及国别,而在著者姓名前面加上著者所处的时代或国别,如(唐)李白著,(俄)普列汉诺夫著等。这样,著者项就是由著者姓名或机关团体名称及其时代或国别和著作方式所组成。"著者"是指一切对著作内容负责的人,因而包括实际执笔写作的人及参加著作的人,如翻译人、注释人、校订人、插图人等。著者还分为个人著者,即从事著作物的著作或编辑的各个人,包括合著人和集体著者,即以其名义发表著作的机关团体。应该指出,所谓集体著者不同于集体创作,前者是以机关团体名义发表,如中共中央通过,北京大学图书馆学系编等;后者则应视为是多著者的一种形式,如××××集体创作,×××执笔;××××主编,×××执笔等。至于以×××书编辑组编(如《苹果栽培》编写组编)而不列具体编辑人时,则可视为集体著者。在多著者的情况下,要以其著作方式的不同,分别组成小项,每个小项同著作人项相同,如鲁迅著,上海鲁迅纪念馆编辑;(日)村田吉男著,郑丕芜译。著作方式表示著者对该著作所负何种责任,不同的著作方式表示出该著者同著作的不同关系,其种类很多。一般有:(1)著,也称为撰、述、作、选、写、编著、创作、执笔等;(2)编,也包括辑、编辑、整理、选编、选辑等;(3)注,也包括注解、注释、笔释、释等;(4)译;(5)绘;(6)制定、提出、批准、起草等。以上是常见的著作方式,此外还有改编、缩写、节译、补编、书(文字的书法等)、治印等等。

著者项是著录事项中很重要的一项。读者可借助著者识别图

60

书,特别是在书名相同的情况下,著者则是区别不同图书的重要标志,著者的身份地位学识水平也是衡量著作价值的一个重要因素,特别需要指出的是基本款目中的著者项则往往就成为著者款目的标目,在单元卡片制的情况下,只要在著者名称下划一红线,此款目就成为著者款目了。在机读目录中,基本款目中的著者项就是一个可检字段,而使该款目同时具有著者款目的性质,因此著录好著者项十分重要。

著录著者项依书名页所题为准,书名页不完全时,依版权页所题为准。如有不同,则需在附注项内注明。

2. 著者项的主要规则

(1)统一著者名称——即同一著者在目录内必须用同一名称。这是因为著者项也是用其作为著者款目的标目,只有标目相同在著者目录里才能将同一著者的不同著作集中在一起,因此,统一著者名称是著录著者项的最基本规则。这也是因为著作人(特别是文学家)往往以不同的名字,如用不同的笔名发表不同的著作,翻译外国著者的不同著作时,由于译者不同也往往使同一著者的译名不统一;机关团体著者的全称与简称有时提法不一,如中国共产党中央委员会,可以简称中共中央;著者改换名称,特别是一些机关团体的名称有时经常变动;同一性质会议的题法不一致。这种种不同情况均应统一起来。

(2)统一著者的方法——如果一个著者有不同名称、不同译名等情况时,应选用正式名称或常用的、而为读者所熟悉的名称进行著录;译名不统一应用标准译名进行著录。在著录所用名称与原书所提不一致时,应在所著录名称后加上"(原题……)",或"(原作……)"字样,如鲁迅(原题:周树人)著,(苏)斯大林(原译:史达林)著等。著者改名时,一般用其更改后的名称为原则。同时在附注项内注明"著者原名……",并用参照法将前后名称联系起来。如果不这样做,当读者用来检查目录的著者姓名,恰巧和著录的名称不同时,就无法查到所需的书了。

卡片例七:

```
I210.7    两地书
 4         鲁迅   许广平(原题:景宋)著    北京
         人民文学出版社   1953 年 11 月
         354 页   32 开

         景宋是许广平的笔名



                          ○
```

　　会议文件的著者项的著录比较复杂,实质上也是统一著者的问题,即如何使同一种类会议的文件集中在一起的问题。会议文件的署名没有统一规定,各式各样都有。我们从著者项将成为著者款目的标目出发,为将同一种会议的文件集中在一处,应以会议正式名称为著者项。同一种会议往往会有届数、次数、召开时间、地点的不同,为了区别它们,一般会议文件的著者项应采用:会议的正式名称并在其后注明届数、次数、开会地点及时间等。但是会议文件上,一般不是按照这个顺序题的,一般先是会议时间,次为届数,再为会议名称,最后是次数,如"一九五九年四月二十八日第二届全国人民代表大会第一次会议通过"。如果照录则同一种会议文件便不能集中在一处,而需改成"全国人民代表大会第二届第一次会议　北京一九五九年四月二十八日通过"。这样才能把全国人民代表大会的文件集中在一起。如果从第二届开始写,那么,第一届、第三届等届次的全国人民代表大会的文件就不一定会集中在一处,它可能被第二届全国图书馆工作会议等类会议文件隔开。又如："一九四五年四月廿日中国共产党第六届中央委员会扩大的第七次全体会议通过"，应改为"中国共产党中央委员会 全体（扩大的）会议 第六届第七次 延安一九四五年四月二十日通过"。这样中央全会历届会议文件方能集中在一处，否则就会分散开来。

其他各类会议，如各种专业会议、运动会、展览会等，有专名的会应采用其正式名称并于其后注明举行会议的届数、次数、地点、时间来构成著者项。如果没有专名的会议，则应用组织该会的机关团体名称，而于其后加上会议名称，如"北京大学运动会"、"北京大学五四科学讨论会"等。

卡片例八：

```
D220    中国共产党第八次代表大会关于政治报告的决议
82        （中国共产党第八次全国代表大会通过   一九五六年
        九月二十七日）
        中国共产党   全国代表大会   第八次   北京
        一九五六年九月通过   北京   人民出版社   1956 年
        16 页   32 开   0.05 元



                         ○
```

为了统一著者，编目人员需要随时注意搜集作者名称的变化，并做出记录，以备著录时为根据。对外国作者最好及时做出译名片随时查对，译名片的式样如下：

	著者原文名
	译名: 异译:
	○

第一行写著者原文名字,第二行写著录时所用的标准译名,第三行以下写各种不同的异译名。这套卡片依原文字母顺序排列起来,以备检查。为了译名准确,可借助有关工具书,如"标准汉译外国人名地名辞典",做好统一著者名称。这样的工作很重要,也较复杂,一般图书馆做起来有困难;如能实现集中编目,由统编部门来做这一项工作,对提高各馆目录质量则是十分有利的。

(3)区分著者——为了更好地确认图书,将同名而实为不同的著者区别开来是完全必要的。将本国著者同外国著者,本国不同时代的著者,同名称而上属机关不同的机关等区别开来也是完全必要的。

区别国别时代等,对了解图书内容的价值有很大参考作用。区别时是在著者名称前注明国别或时代,并用圆括弧括起来,表示在作为著者标目时,可除去不计。

外国著者姓名的称呼方法很不一致,西方多数国家的习惯是称呼姓,但同姓的很多,因此在著录这些国家的著者时,就需在著录姓的同时要将他的名字(或名字的缩写字头)等也一并著出,以便区分著者。

对于机关团体著者的著录,要用其专名(正式名称)。有的虽有上级机关但可省去,如政府各部均属国务院,著录时可省略"国务院"三个字,如教育部、交通部等。这样的省略不会发生误解。又如教育部所属高等学校,因都有专名亦可省略教育部,如北京大学、清华大学等。但某些下属机构则不可忽略上级机关名称,因为一旦离开上级机关则就不明确了,如大学里的各系,只有著出是××大学××系时,才会明确,而离开××大学就不是明确的单位了,因为不同的大学都会有相同名称的系。因此凡是不能简化的单位就必须著出其上级机关名称,才便于区分著者。对地方性组织要加上地方名称,如北京市教育局、上海市教育局等。

(4)分清著者同参加著作者的不同责任——这是指对同一种书有不同著者分别负有不同责任的一种情况下的一条规则,用不同的著作方式将其分别开来。特别是对一些汇编的书、注释的书,如何选择主要著者和参加著作者则要认真考虑。在正常情况下这本来可以不成为问题,但在有些个别情况下却成为问题。因此著录谁该对一书负主要责任,或一书的主要成就应归于何人,都应实事求是的对待。

一书有时有编辑委员会,同时又有主编人,参加编写人,有×××单位编,而又有具体执笔人;有原著者又有注释者,这类书主要是对一些古代典籍进行注释的书,而注释的质量又极不一致,有的忠实原意,有的因注释者水平的原因而理解不同或有不同看法,有的则是有意歪曲原意等;汇编的书有原著者和汇编者之别,其质量有上述注释书相同的情况;有原著者同时又有缩写者、改编者,有原著者同时又有译者、校订者;会议文件,有会议名称又有报告人、讲话人等之别,法律性文件的提出者、批准者的区别等。对上述种种不同情况,在书名页上或版权页上,以不同的著作方式明确地指明各自的责任。有的书则没有明确指明。著录条例对上述情况都有明确的规定。《条例》上也有明确规定,一般可照其规定用不同的著作方式将其表示出来。对那些记载著作方式不明的书要做具体分析，找出谁负主要责任、次要责任（或哪种责任），再加以著录。有的著者则可不必写在著者项里，而记在附注项里更合适一些，如"标准"的批准部门就可著录在附注项内。

卡片例九：

```
I210.93   鲁迅杂文选
46            鲁迅著  南开大学中文系注解   天津
          天津人民出版社  1976 年 7 月
             416 页  大 32 开  0.94 元




                        ◯
```

卡片例十：

```
I222.42   唐诗三百首   八卷
33            （清）孙洙（原题：蘅塘退士）编  陈婉俊补注
          北京  中华书局  1959 年  新 1 版（1978 年重印）
             〔202〕页  大 32 开  0.70 元

          本书编者孙洙，别号蘅塘退士，书名页上题
          蘅塘退士编。



                        ◯
```

原书名页上并未题鲁迅著字样,编目人员要依据加上。如《洪秀全选集》一书,书名页上只题扬州师范学院中文系编,著录时应以洪秀全为著者,编者为参加著作者。

总之著者项的著录是各著录事项中最为复杂的一项,这里是概括的讲著录著者项的原则,而《条例》中已分别有具体规定,这里不再一一列出。

三、出版项的主要规则

出版项由出版地(出版者所在地)、出版者、出版期、版次和版刻所构成。出版项记载书籍的出版情况,是一部书在版本方面区别其他书的特征。由于版本的不同,内容便有差异,从而影响到本书的使用价值。著录出版项也还在于区别本书的不同版本,认识图书的价值。

著录出版项,依版权页所题为准,无版权页的书以书名页所题为准。其顺序如上述,每项之间空一格。如有不同则在附注项内注明。

1. 出版地 指出版者所在地。不是书籍的印刷地点,一般说出版者在其所在地印刷书籍,但往往也在其他地方印刷。出版者如有分支机构以所在地为出版地,如中华书局有北京编辑部和上海编辑部之别,其各自出版的书籍的出版地则需分别为北京或上海。

2. 出版者 指将一种著作整理付印、公布于社会的个人或机关团体。现代图书的出版者多为国家设立的正式出版社或机关团体。我国目前的正式出版社已有二百多个,这些出版社的任务都有明确的分工,在性质上有专业出版社和综合性出版社之别。出版者的历史、水平对图书的质量有很大的影响。因此,出版者对鉴别图书内容和质量有极大的帮助。在实践中要注意将出版者同印刷者、发行者区别开来。在今天来说这三者的区分是明确的。但是一些非正式出版物有时三者是混淆的,具体分清哪是出版者,哪是印刷者或发行者,有时又分不清,就题×××编印即可。

对于原出版者将版权转让给另一出版者时,应以后一出版者为出版者,原出版者可在附注项内说明。因为这时是新的出版者对该书的出版负有责任了,他可以照原纸型印刷,亦可以修改,版权属他了就要以他为出版者。

3.出版期 指图书出版的时间。本来是指一书最初的出版时间,但随着社会的需要,一书可能重版再次印刷,或经过修订重新出版,或转到另一出版社重新出版。因此对一种书的出版期便产生了不同的理解。出版期标志着该著作内容的时代性,一般条例都规定以排版年为出版年,而依原版重印的时间便不予记载。《条例》上有新的发展,对重版书在记载原出版年的同时,又注明重新印刷的时间,如"1955年10月(1978年4月重印)"。至于不同的版次则以最新的排版时间为出版年。

4.版次 指图书的排版次数,如第二版,第三版……修订版等。版次的不同,意味着图书在内容上经过修订后重新出版,说明图书的内容或形式上多少发生了变化,而新版会受到读者的重视。版次同印次是两个不同的概念:印次是指同一版型的书重复印刷的次数,在版权页上多写为第×版第×次印刷字样,无论印刷次多少,而图书在内容及形式上都没有变化,当然个别字句修改一下也是有的;著录版次时第一版不予著录,第二版以后或修订版、增订版时才予以著录。

版次的变化一般是记载在版权页上,有的记载在书名后面,如《几何光学(修订本)》在过去的著录法多规定为题下项内容,《条例》统一于出版项内是好的。本来是同一著录事项的内容而根据形式上的差异,分别著录在两个事项里是不妥当的。

5.版刻 是书版的种类和印刷方法。随着印刷技术的发展,图书从手写本、雕版印刷、木活字印刷到现代的计算机排版印刷乃至激光排版印刷等种类繁多。通常可分为：木刻本、木活字本、铜活字本、铅印本、石印本、影印本、珂罗版本、胶版影印本、油印本、晒印本、静电复印本等。此外还有手抄本、稿本等。不过现代书一般多为铅印本，著录时可予省略，非铅印本则需要著出种类。

四、稽核项的主要规则

稽核项是关于一书的完整性及物质特征的记载，其内容包括图书的册数与页数、有无图表及其数量、书型大小、装订种类、定价及其他特殊标志等。对鉴别图书是有一定帮助的。

著录稽核项要依据全书。

1. 册数或页数　一般图书多为单册出版物，因此只记页数而不记一册，对两册以上的多卷书或丛书则只记册数而不必记页数。对残缺不全的多卷书或丛书则只记残存的册数。对非书型的卷子、画轴、散叶、单幅等，则分别著明若干卷、轴、叶、幅等。

2. 图表　分为冠图、插图、附图。正文前的称为冠图（像），正文中的为插图，正文后的为附图。图表如编有号码就记明数量，如无编号只记"有图表"即可。一般自然科学图书多有图表可不予记录，只有重要的图表才需记录。

3. 书型　指图书版面的幅度，普通图书以纸张开数来表示，多为32开、16开等。根据纸张规格的不同有大小32开、16开等之分。其单位以毫米计算。

4. 装订形式　包括线装、平装、精装、卷轴、散叶和单幅等。现代图书多为平装（简装），可不予著录，其他装订形式则需著出。

5. 定价　图书的价值。此项对图书馆内部工作有用处，因此现在的《条例》都增加了此项。

五、丛书项的主要规则

丛书项主要是由丛书名称、丛书编者和编号组成，一般只记丛书名称。其作用在于揭示图书的性质和价值。对此项如何著录，以往是单独作为一项，记在稽核项后面，同该项共同成为一个著录段落，既醒目又节约卡片空间。而《条例》中，则将丛书名称并入附注项内。著录丛书项以书名页所载为准。

六、附注项的主要规则

这是著录正文内各项的补充和说明。凡必须用以补充或说明著录正文内任何一项的资料都可在本项内注明。

附注项的措词必须简单、扼要，其来源多取自书的序跋和其他部分。最常用的附注内容有以下几种。

1. 本书所附的重要附录和参考书目。

2. 本书的别名、改名或原名，书上他处所题不同于书名页的书名。

3. 本书的内容目次。

4. 本书与其他书的关系，如合订的书或本书是某书的续编，以及根据什么版本付印等。

5. 本书有什么书评。

6. 关于本书的最简要的和必需的其他知识。

总之，凡可以帮助读者进一步了解图书的一切材料都可适当地载入附注项里。《条例》将此项内容同提要项有时合并在一起进行著录。

七、提要项的主要规则

提要项记录图书的内容概要和评介。提要也有称为解题或评注的。编写提要是我国目录学史上的优良传统。通过提要指出图书的政治思想倾向，介绍内容要点和学术上的价值。提要分为简介和评论。简介是简要的评述，而评论则是详细的评述。通过评述，介绍书中的要点、价值等。现行的提要铅印卡片就是简介性质的。所以说提要是从图书的内在方面揭示图书,它不大同于其他事项只是揭示图书的一些外表特征。

编写提要是非常严肃的工作,提要的文字必须简练,介绍必须确切,评论必须中肯。因此编写提要需要具有高度的理论水平,相当的学科知识和文艺修养。

提要项可以与附注项合并,即附注项里一些重要内容可包括到提要项里面去。

八、图书馆业务注记

前面已经讲过图书馆业务注记的作用、内容和著录格式了。它们如:

1.索书号 又称为排架号,是书籍在书架上排列次序的标准。索书号一般由分类号和书次号组成,但也有以登录号等为索书号的。索书号要记在款目内左上角处。所有款目内都要记下索书号。

2.完全分类号 包括一书的主要分类号、附加分类号和分析分类号,其功能是记载分类款目的种类,以便检查目录时用。完全分类号记在卡片圆孔的右边。只记在公务用的基本款目上面。

3.登录号和储藏地点 登录号表示书籍到馆时登记的次序,是清查书籍时的根据,也是分别复本书的根据。为了清点书籍时不致发生混乱,必须把登录号记载在目录卡片上,通常是记在卡片背面左下方。现在多数图书馆是使用油印卡片,为方便起见,多记在卡片正面左下方。如是手写卡片,一般只记在公务用书名款目上便可以了,因为此项记载对读者并没有任何意义。

4.根查 是关于所著录的书一共编了些什么款目的记载,记在卡片背面。编了些什么款目就要记出,以便查考,特别是在图书撤销时,或索书号与其他著录事项需要更改时,就得找到所有款目,进行撤销或更改。不会因没有记录而遗漏,造成书卡不符。因此记录根查是完全必要的。

在记载根查时,各种款目可用略语表示:

著——著者款目。

合著——合著者附加款目,合著者不止一人时,在"合著"后加数字及其姓,如"合著1. 王,2. 李"。

编——编者附加款目。

译——译者附加款目。

辑——辑者附加款目,以及其他参加著作者的附加款目。

书析——书名分析款目,后面加上析出篇名或书名的前三个字。

著析——著者分析款目,后面要加上著者姓名。

此外分类、主题的分析款目、附加款目也需注出。最后注出款目总数,记在圆孔下面,其方式如"共×片。"

有些图书馆将各种可能有的根查用图章打在主要卡片背面,而在本书所具有的各种款目的名称旁作一"√"号,这是一种比较简便的办法。

九、基本款目的编制过程

首先根据著录规则,图书具体情况,决定各个著录事项。将选定的各个著录事项,按著录格式的要求排列在卡片上,决定本书应有的辅助款目的种类和数目,记在根查内。经过对图书的分类而获得该书主要分类号、附加分类号、分析分类号,记在完全分类号处。最后确定索书号并记在卡片左上角。这样便编成一条基本款目了。印出单元卡片后,再加工成其他各种款目。

第三节 文献目录著录标准化问题

一、文献目录著录标准化的意义

标准化就是以国家标准或国际标准的形式,对文献目录著录做出有关方面共同遵守的科学、合理的统一规定。中国文献目录著录的国家标准需经国家标准局批准。国际性的文献目录著录标准需经国际标准化组织(International Standards Organization,简称ISO)批准。

著录的标准化有利于推进集中编目和合作编目的开展。统一的著录原则、内容、格式等是集中编目和合作编目的基础。只有统一才能更好地利用集中编目的成果,并使国与国之间的编目成果能达到互换。这样就可以节省人力和时间,并能提高目录的质量;这样也便于将手工编目转换成机读目录,以便通过使用计算机实现编目和检索的网络化;另外更便于开展馆际间的互借工作,有利于促进文献的交流和充分利用,有利于实现人类"第二资源"的共享。因此,著录的标准化,在机读目录出现以后,进展很快。《国际标准书目著录》的制定是一个重要的标志。

二、文献目录著录

这是国际通用的一个术语,其基本含义为文献目录的著录,也就是编制文献目录时对文献进行著录。这个用语同上节讲的图书著录有联系又有区别。文献一词包括范围较广,是指以文字、图形、符号、声频、视频等为主要手段,并能构成一条款目的一切知识载体。图书是文献里的一种。图书著录的对象主要是图书,文献目录著录的对象是各类型文献。将图书著录改称为文献目录著录,使之能达到各类型文献统一著录的原则。

三、文献目录著录总则

这是针对各类型文献共同特点而制定的关于文献目录著录的基本原则、基本内容、基本格式、基本的标识符号等项的规定。它是制定各类型文献目录著录分则时的依据,从而保证各类型文献著录的统一,如《国际标准书目著录(总则)》简称 ISBD(G)。

四、文献目录著录分则

这是在总则的指导下,针对某一类型文献特点而制定的关于某一类型文献具体著录原则、内容、格式、标识符号、规则等项的规定。分则只适用于某一类型文献,而不适用于其他类型文献,如《国际标准书目著录》(连续出版物),简称 ISBD(S),就是分则,是著录连续出版物的标准。

五、《国际标准书目著录(总则)》简介

编制《国际标准书目著录(总则)》是由英美编目条例修订委员会于 1975 年提出来的,目的是为制定一个共同标准来统一各个专门的 ISBD 分册。国际图联于同年 10 月作出了编制 ISBD(G)的决议,并成立了 ISBD(G)工作小组。1976 年 3 月 ISBD(G)工作小组在伦敦开会,讨论由英美编目条例修订委员会准备的 ISBD(G)草案的工作文件。在这次会议上,就 ISBD(G)的著录项目的名称和顺序,以及各项之间的分隔标识符号,取得了一致意见。随后于 1977 年 10 月出版了 ISBD(G)正式文本。

1. ISBD(G)适用范围、目的及使用　国际标准书目著录的首要目的在于:(1)使来自不同情报源的记录能够互换,从而使在一个国家编制的记录在其他国家都能够容易地被收录到图书馆的目录或者其他书目中去;(2)克服语言方面的障碍,使之有助于说明

记录,从而使为一种语言的使用者编制的记录,也能被其他语言的使用者所理解;(3)有助于把书目记录转换为机读形式,从而为书目情报的国际交流作出贡献。

ISBD(国际标准书目著录)拟为各种不同的书目工作,最大限度地提供所要求的描述事项。因此它包括了对一种书目工作或多种书目工作所不可缺少的小项目,但也未必都是所有工作所必需的。它建议各国,就其本国发行的各种资料,只要是适于著录的事项,就应由全国书目机构,负责编制包括各种 ISBD 所规定的全部小项的完备的记录。而其他的目录编制机关和图书馆,只要按照各种 ISBD 的顺序,使用规定的区分符号,就可以从描述中选择任何小项。

根据各种 ISBD 所作的描述著录,通常不能单独使用,但是它可以成为目录或其他书目中的完整款目的一部分。用于某一目录或其他检索表中款目排列的组织要素(标目、统一书名等)、排检和根查及主题事项,是不能成为各种 ISBD 的组成部分的。

国际标准书目著录(总则)——以下称 ISBD(G),编列了描述和识别图书馆馆藏的各种形式资料的全部项目,即指定了那些项目的顺序,规定了对那些项目的区分符号。

ISBD(G)是已经或正在为属于特殊范围的资料制订的各种 ISBD 的基础,也是目前的 ISBD 文本以后修订的基础。希望负责制订编目规则的全国或国际委员会使用各种 ISBD,如果在各种 ISBD 中没有包括,便可直接使用 ISBD(G)作为图书馆资料描述性著录规则的基础。但 ISBD(G)并不准备供某一图书馆或全国书目机构编目人员直接用来进行书目描述。

ISBD(G)用于目录款目、其他书目或参考文献的描述著录,与保持机读形式的著录资料没有直接关系。但 ISBD(G)的每个小项在机械系统的款式中却可能被个别地识别,并且这些款式还可使多级描述成为可能。

2. ISBD(G)的著录项目

（1）书名及责任说明项——包括正书名、一般资料标识、并列书名、其他有关书名事项、责任说明（图书著录中的著者项内容）。

（2）版本（次）项——包括版次说明、并列版次说明、版次责任说明等。

（3）资料（或出版物类型）特征项——此项用以著录图书馆的特别种类或特别出版形式资料上所有的信息。大多数情况下并不存在，多半的 ISBD 不用此项。

（4）出版、发行等项——包括出版地、发行地、出版者、发行者、出版年、发行年等。

（5）形态描写项——包括特定资料说明及其数量范围、其他形态细节、资料尺寸和附件说明等。

（6）丛书项——包括丛书正书名、并列丛书名、副丛书名、丛书责任者说明和丛书编号等。

（7）附注项——包括其他项中未收入的任何重要事项。

（8）标准号（或代号）与获得条件项——包括标准号（或代号）、基本刊名、获得条件（或）定价等。

上述八个项目，实际上是七个项目，因为"资料特征项"一般是不用的。

3. ISBD(G)的著录格式　ISBD(G)的著录格式，可以概括为段落式标识符号法，即将八个著录项目分为四个著录段落，（1）—（4）项为一个著录段落，（5）和（6）项为一个著录段落，（7）和（8）项各为一个著录段落。每一个段落单独起行，同一段落内，大小项之间都用一定标识符号分隔开来。所采用的标识符号主要有以下几种

. —各大项；

= 并列项目；

:说明书名文字、出版发行者、印刷者、图表、副丛书名、书

76

价等；

　／ 第一责任者；

　；第二责任者、第二出版发行地、第二发行者、书型、丛书卷次号等；

　（ ）丛书项等；

　，出版年；

　＋ 附件；

　〔 〕自拟著录项目、一般资料标识等；

　… 省略著录内容。

其著录格式为：

```
        书名／责任者项……．—版本项…………………
        ……出版发行项…………………………………
        形态描写项．—（丛书项）……………………
        …………………………………………………
        附注项………………………………………
        …………………………………………………
        标准号（或代号）与获得条件项………………
        …………………………………………………

                        ◯
```

如果用 ISBD（G）的著录格式著录中文书的话，就成为下例：

木　工/陕西省第八建筑工程公司著. —增订
版. —北京:中国建筑工业出版社,1978 年
　　257 页:有图表;32 开:0.53 元. —(建筑工
人技术学习丛书)
　　附录:承重木结构方材选材标准

〇

著录正文里的标识(点)符号都是代表其后面项目的,不是前
一项目的结束符号。这和一般标点符号用法不一样。

六、《文献目录著录标准》简介

《文献目录著录标准》以下简称“标准”最初是由北京图书馆
标准化小组于 1979 年提出的,提出时的名称为《全国文献目录著
录标准》,经 1980 年 7 月镇江会议讨论后,由北京图书馆继续修改
于 1981 年 3 月提出《中华人民共和国国家标准　文献目录著录标
准(送审稿草案)》,征求修改意见。现介绍一下它的主要内容:

《文献目录著录标准》共分十部分:1. 目的、原则及其应用范
围;2. 有关名词术语的定义;3. 著录项目;4. 著录项目说明;5. 著录
格式;6. 著录根据;7. 著录用标点符号;8. 著录用文字和字体;9. 文
献类型标识符;10. 各种款目图例。

这里只介绍 1、3、5 部分。

1. 目的、原则及应用范围　文献目录著录的标准化,是图书情
报工作手段现代化的基础。为了加强全国图书情报工作和出版发
行工作的科学管理,建立和健全全国统一的文献报道、检索体系,

更好地开发和利用国家文献资源,为实现四个现代化服务。

"标准"在总结国内外文献目录著录经验的基础上,根据我国的实际情况,参照《国际标准书目著录》(ISBD),贯彻各类型文献统一和各种目录载体统一的原则。

"标准"是文献目录著录总则,适用于中文目录,是制定图书、期刊等目录著录标准的依据。全国图书馆、情报所、出版社、书店以及其他单位,在编辑各种目录和其他情报检索工具时,均不得与本标准相违背。

2. 著录项目 "标准"所列著录项目,也就是款目内容,同上节所讲的著录事项的含义是一致的。"标准"所列著录项目共十项。

(1)题名项——著录文献题名的项目。

(2)责任者项——著录所有对文献负责的个人或团体,及其用各种方式参预负责的个人或团体项目。

(3)版次项——是著录文献出版、发行次数及其有关版次责任者的项目。

(4)出版、发行项——是著录文献制作、出版、发行情况的项目。

(5)稽核项——是著录文献实体的物质形态特征的项目。

(6)丛书项——是著录丛书名称及其有关情况的项目。

(7)附注项——是对著录正文的补充和说明的项目。

(8)提要项——是对文献进行简介和评论的项目。

(9)排检项——是著录排检标目的项目。这一项是过去《条例》中所没有的。排检标目的作用在于确定款目的性质和在目录中的位置,并提供检索线索。排检标目与著录正文分离,根据制作各种不同款目的需要,将有关标目与著录正文组合,即将标目加在著录正文之上,独居一行。标目按分类、主题、书名、著者顺序排列。主题、书名、著者标目分别用"s""t""a"标识。

（10）标准号及业务注记项——标准编号根据情况取舍，业务注记亦可自行制定。

这十项同《条例》对比，名词术语有些改变，如题名项与书名项之别，责任者项与著者项之别；增加了版次、丛书、排检和标准号及业务注记等四项。同《国际标准书目著录》（总则）相比，题名及责任者项分成两个单独的项目；没有单独的文献特征项；保留了中国传统的提要项；增加了排检项。因此总的项目数比 ISBD（G）多出两项。总的看现在列的著录项目，是揭示文献内容和物质形态所必须的文献特征。

为了更清楚起见，列出三者的对比表：

《中文普通图书统一著录条例》*	《文献目录著录标准》（送审稿草案）**	《国际标准书目著录（总则）》***
1. 书名项	1. 题名项	1. 书名及责任说明项
2. 著者项	2. 责任者	2. 版本项
3. 出版项	3. 版次项	3. 资料（或出版物类型）特征项
4. 稽核项	4. 出版、发行项	4. 出版、发行等项
5. 附注项	5. 稽核项	5. 形态描写项****
6. 提要项	6. 丛书项	6. 丛书项
	7. 附注项	7. 附注项
	8. 提要项	8. 标准号（或代号）与获得条件项
	9. 排检项	
	10. 标准号及业务注记项	

* 北京图书馆编，书目文献出版社，1979 年。

** 1981 年 3 月油印稿。

*** 金凤吉、宋益民译，张蕴珊校，《北图通讯》，1980 年 6 月第 2 期第 24—29 页。

**** 形态描写项的内容同稽核项内容。

3. 著录格式 分为卡片式和书本式两种。它所提供的格式是
一条基本款目格式。基本款目供图书馆、情报部门以及一切以排
检为目的的卡片目录使用。它是有全部著录项目的单元卡。可根
据需要制成各种款目。其格式如下：

```
        题名项…………责任者项…………版次项
    ………出版发行项………………
    稽核项………………………………丛书项
    ……………………………………………
    附注项……………
    ……………………………………………
    提要项…………………………………………
    排检项……………
    ……………………………………………
    标准号及业务注记项…………………
    ……………………
                    ◯
```

卡版例十一：

```
    光通信    吴彝尊著    北京    人民邮电出版社
    1979 年 6 月
    51 页    32 开    0.16 元（通信业务知识丛书）
    本书讲述什么是光通信,光导纤维通信系统的组
    成。光导纤维,光频器件及光导纤维的展望。
    TN92    S 光通信 Guang   tong   Xin   T. 光
    通信 Guang   tong   Xin   a 吴彝尊 Wu   YinZun
                    ◯
```

这样的著录格式，也是段落式空格法，是六段空格法。与《条例》相比所不同的是：第一著录段落是由四个著录项目组成；而大项之间空两格（但丛书项与稽核项之间则不空格），小项之间空一格则相同。这同 ISBD（G）的段落式标识（点）符号法不一致，但在划分段落上则基本一致。在编制国家书目和供国际交流书目时，参用 ISBD 的规定，各事项之间用标识符号分隔，即段落式标识符号法（见下图）。

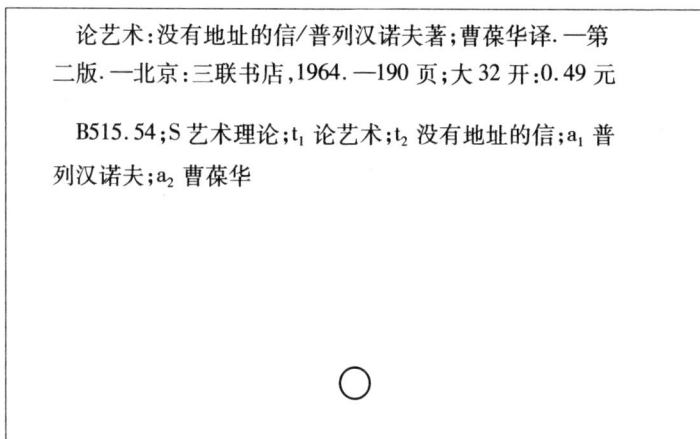

论艺术：没有地址的信／普列汉诺夫著；曹葆华译. —第二版. —北京：三联书店，1964. —190 页；大 32 开：0.49 元

B515.54；S 艺术理论；t₁ 论艺术；t₂ 没有地址的信；a₁ 普列汉诺夫；a₂ 曹葆华

书本式格式中一般不记排检项，必要时可直接著录在款目的第一行。标准号及业务注记项可视需要而记录。书本式同卡片式相比，它是将著录正文的六项组成一个著录段落，各项连续记录，项目之间的空格与卡片式格式同，附注项和提要项各为一个著录段落（参见下列格式）。

题名项…………责任者项…………版次项…………………
…………出版、发行项………稽核项…………………………
(丛书项)
附注项…………………………………………………………
提要项…………………………………………………………

◯

卡片例十二：

木　工　　陕西省第八建筑工程公司著　　增订版
北京　中国建筑工业出版社　1978 年　257 页　32 开
0.53 元(建筑工人技术学习丛书)
《阅微草堂笔记》故事选　　纪晓岚原著
孟昭晋　马佩欣选注　　石家庄　河北人民出版社
1981 年　　123 页　32 开　0.35 元
…………………………………………………………………

◯

第四章　辅助著录法

　　辅助著录是在编目程序上由基本著录演化出来的著录,是对基本著录的补充。因此有人便将辅助著录称为补充著录。

　　辅助著录的作用,在于重复揭示同一种书或书中一部分内容或一组图书的内容,达到多方面揭示藏书、宣传图书以满足读者多方面检索图书的需要。基本著录的结果是编制出基本款目,即书名款目,从而组成书名目录。在第一章里已讲到目录是多种多样的,设立著者目录、分类目录和主题目录是必要的,为编制这些目录,相应的就需要编制这些款目。而这些款目又都是揭示同一种书的,因此它们的内容大体上与基本款目是相同的,只是标目不同而已。在基本款目上加上有关的标目即可成为相应的辅助款目。除此而外,为在同一种目录里利用次要特征,重复反映同一种著作而编制附加款目,或为反映一部分材料而编制分析款目。同时亦可以为集中反映一组书的总情况而编制综合款目。

　　这样辅助款目的种类分为:(1)著者款目;(2)分类款目;(3)主题款目:(4)附加款目;(5)分析款目;(6)综合款目。此外还有参照片,严格讲参照片不是一种款目,因为它并不是揭示一种具体图书的内容,而是指出目录的内在联系,以指引读者查找目录的方法。

第一节 著者、分类和主题款目的著录

一、著者款目

以著者名称和著作方式为标目的款目。它是组成著者目录的主要成分,其作用在于从著作人方面来揭示藏书。一个图书馆只有在目录体系中设有著者目录的情况下,才需要编制著者款目。

著者款目的标目,原则上讲就是基本款目中著者项的形式,即由时代或国别、著者名称和著作方式所组成,如(唐)李白著。为了检索醒目起见,在著者标目中可将著者姓名移前,时代、国别等移后,如李白(唐)著、斯诺,埃德加(美)著等。

1.著者款目的格式　在基本款目上端,加上著者名称及著作方式等作为著录标目就成为著者款目。

卡片例十三:

```
          斯诺(Snow,E.)(美)著
K269.5   西行漫记
33        (美)斯诺(Snow,E.)著   董乐山译     北京
          三联书店 1979 年
          406 页   冠图 68 幅   大 32 开   1.55 元

          本书原名:红星照耀中国

                          ◯
```

从上面卡片例中可以看出,这条款目由于以著者为标目,其性

质就成为著者款目。而著者标目就是原著者项的形式,在手工编目时,著者项完全可以省去,如有参加著作人可直接写参加著作人的名称和著作方式。

卡片例十四:

```
K269.5      斯诺(Snow,E.)(美)著
 33
         西行漫记
         董乐山译   北京   三联书店   1979 年
         406 页   冠图 68 幅   大 32 开   1.55 元


         本书原名: 红星照耀中国



                          ○
```

2. **著者款目的编制**   目前大多数图书馆都是通过油印办法,制出单元卡片,或购买统一编目组编的铅印卡片,只要在基本款目上端加著者标目或在基本款目中著者项里著者名称下打一红线,以表示著者是这张款目的标目就可以了。在机读目录里是不需要单独编制著者款目的,基本款目中的著者项内容就是可检字段,直接可以用来从著者名称方面检索图书。

对于合著者的书,可以分别以合著者的名称为标目来编制相应的著者款目。在这里补充说明合著者同参加著作者的区别。两个或两个以上的著者对该著作负有同等责任的称为合著者;一书有主要著者和次要著者(负一部分责任)之分时,将次要责任的著者称为参加著作者,如主编人同一般编写人之分;原著者同译者之分;原著者同注释者之分等。以各个合著者名称为标目,分别编制的款目都称为著者款目,以参加著作者名称为标目而编制的款目

则称为著者附加款目(下节详述)。

会议文件要以会议名称、届数、次数、会议地点、会议时间为标目。

卡片例十五:

中国共产党　全国代表大会　第八次　北京
　一九五六年九月通过
中国共产党第八次代表大会关于政治报告的决议
　(中国共产党第八次全国代表大会通过　一九五六年九月
　二十七日)
北京　人民出版社　1956 年
16 页　32 开　0.05 元

〇

这种标目形式便于将中国共产党历次代表大会的文件集中在一处,按会议次序先后排列起来。不过目前很少有图书馆这样做。

二、分类款目

以目录分类号为标目的款目称作分类款目。它是组成分类目录的主要成分。其作用在于从知识内容方面揭示图书。一般图书馆都有分类目录,因此需要编制分类款目。

图书经过分类而给予一定的类号,在这里称它为目录分类号,将它记在基本款目上作为标目,便编成了分类款目。在理论上讲应该这样做,但由于我国目前绝大多数图书馆都是采用分类排架法,因此图书的排架号(也是索书号)都是由分类号同一定的书次号所组成的。因此便以索书号中的分类号代替了目录分类号,只要多制一张基本款目就可以作为分类款目使用,无需再做任何加工就可以直接排入分类目录里。但是有两种情况例外。一是为排架和索书方便起见，索书号中的分类号可以简短些，即规定为三级类或四级类，但目录分类号可详细些，即归入最下位类。这时索书号中的分类号便不能再起目录分类号的作用，便需在目录分类号的位置上著出目录分类号作为目标，用以排检分类目录；二是改换新分类法以后，排架号不变，即仍用原索书号排检图书，而需用新分类法中相应的分类号排检目录时，就要以新分类法的类号作为目录分类号，写在目录分类号的位置上起标目作用。

卡片例十六：

010　　目录学发微

8048.1　　余嘉锡著　北京　中华书局　1963 年

　　　　154 页　大 32 开　0.80 元

G257

　　　　　　　　　　　　○

上面是北京大学图书馆目录中的一张实例，索书号中的分类号（010）为原使用的皮高品《十进分类法》中目录学的类号。但在改用《中国图书馆图书分类法》以后，就需将此法中的目录学分类号（G257）写在目录分类号位置上，以此号为标目来组织分类目录。当然读者填写索书条时仍需写明原索书号。

三、主题款目

这是以图书的主题词为标目的款目，它是组成主题目录的主要成分,从图书主题方面揭示图书。

主题款目编制的关键在于决定主题。选定主题之后,将其加在基本款目之上作为标目就成为一条主题款目了。

卡片例十七:

```
分类目录－主题索引
分类目录主题索引编制法
肖自力等编译　刘国钧校　北京
书目文献出版社　1980年
193页　32开　0.65元




                    ○
```

第二节　附加著录

附加著录是在同一种目录中利用图书的次要特征重复反映同一种著作的方法。附加著录又叫互见著录。前面讲的四种款目,已从图书的四个方面揭示同一种图书了。但在同一方面,有些图书还有一些次要特征,如图书的别名,图书的副著者等,这些次要特征也能成为读者检索图书的根据。因此为了充分揭示藏书,宣传优秀图书,尽可能正确地运用附加著录法是必要的。

附加著录法在我国目录发展史上产生的很早,远在公元前《七略》中就利用了互见法,现在仍被广泛地应用。因为它是宣传优秀图书的一种有效方法。

一、附加款目的种类

附加款目有:书名附加款目;著者附加款目;分类附加款目;主题附加款目等几种。

二、附加款目的格式

在一般情况下,多利用单元卡片的基本款目进行加工,即在基本款目上加上有关标目即可。其格式如下:

索书号　　附加著录标目(书的别名、副著者、副主题)
　　　书名
　　　　著者项　出版项
　　　　稽核项　(丛书项)
　　　　附注项
　　　　提要项

三、书名附加款目

以正书名以外的书名(如交替书名、别名、解释书名)为标目的款目称为书名附加款目。正书名以外的书名并不是都可以作为标目,只能选择那些为读者所熟悉,并能借以检索图书根据的书名,才可以作为附加著录的标目。

书名附加款目的格式见下面。

卡片例十八：

```
         红星照耀中国  即
K269.5   西行漫记
 33      （美）斯诺（Snow,E.）著  董乐山译
         北京  三联书店  1979年
         406页  冠图68幅  大32开  1.55元

         原名:红星照耀中国

                    ○
```

　　另外还可为被评论的书编制书名附加款目。这实质上也是一条主题款目。在没有设主题目录的情况下,编制这类附加款目,排入书名目录中,对宣传图书大有好处。其格式是以被评论的书的书名为标目加在评论性图分的基本款目上面。

　　卡片例十九：

```
         西游记——书评
I207.41  吴承恩和《西游记》
 65      王俊年编写  北京人民出版社  1973年
         48页  32开  0.12元




                    ○
```

书名附加款目亦可用书名参照片代替(参见第五节)。

四、著者附加款目

以主要著者以外的参加著作者(副著者)的名称和著作方式为标目的款目,称为著者附加款目。有人也把它叫做人名附加款目,其含义除包括副著者款目外,还包括书中论述的人物为标目的人名附加款目。例如:《人民的好总理》一书,是回忆总理一生各个方面的汇编书,为使读者了解总理,便可以总理名字为标目著录此书,以达到宣传该书的目的。这样的款目实际上是一条主题款目,在编制主题目录的情况下,就不必编人名附加款目;在没有主题目录时,就可以编人名附加款目,排入著者目录中。

著者附加款目的格式,以参加著作者的名称和著作方式为标目,加在基本款目上端即可。其式样见:

卡片例二十:

```
        冯至编选
    杜甫诗选
    (唐)杜甫著   浦江清  吴天五合注      北京
    人民文学出版社  1957 年
    〔280〕页  32 开  0.80 元




              ◯
```

人名附加款目,排在著者目录中。

卡片例二十一：

```
毛泽东一传记
毛泽东一九三六年同斯诺的谈话
   （关于自己的革命经历和红军长征等问题）
   （美）斯诺(Snow)著  吴黎平编      北京
人民出版社  1979 年（1980 年重印）
   136 页   冠像 2 幅   大 32 开   0.44 元
```

五、分类与主题附加款目

图书内容涉及两个以上类或两个以上主题时,需分别编制分类附加款目和主题附加款目,其格式与分类款目、主题款目的格式相同。分类附加款目是以附加分类号为目录分类号记在相关位置上,不能省略。同时须在公务用的书名款目上注出完全分类号。主题附加款目是以图书次要主题词为标目加在基本款目上编成的。

附加著录法虽然是宣传优秀图书的一种好方法,但能够做附加的条件很多,如果一一来做,势必会做出许多条款目,这样会使目录体积庞大,给读者检索也带来一定的困难,同时又要花很多人力和物力。因此正确运用附加著录法是很有必要的。目前一些图书馆注意做著者附加款目,而忽略分类附加款目,或根本不做附加款目,有些大型图书馆也是如此。

附加著录法应运用到各种优秀图书上。那些值得宣传与推荐的马列主义经典著作;党与政府的重要文件、法令;优秀的文艺书籍;有价值的科学著作和新技术等方面的图书应充分利用附加著录法。一般著作没有必要利用附加著录法。同时还需对可供做附加著录的条件,如副书名、副著者等进行分析,只有那些确可成为读者查找图书的根据的,而不是偶然可为根据的,这样做出的附加著录才有实际意义。否则凡是参加著作者就编著者附加款目,凡涉及两个以上内容就做分类附加,不但不能发挥其应有作用,相反还可能妨碍读者对目录的查找,同时还要花费大量人力物力。正因为如此,在手工编目的情况下,面对出版物种类及数量的增加,有选择地利用附加著录法是必要的。一个图书馆应重视附加著录法的作用,又要防止滥用附加著录。这就需根据本馆的方针任务、读者对象、藏书情况和人力物力的情况,做出明确的规定,才能前后统一,充分发挥目录的作用。当然在机读目录里充分利用附加著录法,那就方便多了。

第三节　分析著录

分析著录是将书中的一部分材料(独立的篇或单独著作等)分析出来做一个著录单位而编制款目,有时这又叫做别出或别裁,它的作用在于使书中的一部分材料得到充分的揭示。这对于宣传优秀图书是一种很好的方法。因此分析著录也是我国目录学史上的一个优良传统。刘歆的《七略》就曾经应用了这个方法,宋朝郑樵在《通志校雠略》里也提倡这个方法,清朝章学诚更有专文论述它(见《校雠通义》)。

一、分析著录法适用范围

(1)一般图书里面重要的章节、独立的附录(如刘少奇同志的《论共产党员的修养》一书中的附录：人的阶级性）、书中包括的他人的文章等。诸如这些材料，都是可以运用分析著录予以揭示。但在编目实践中，只能对那些十分重要，而本馆没有单行本的材料，才需使用分析著录。当前由于出版物种类繁多，藏书数量也都很大，完全使用分析著录，实为不必要，也不可能。只能选择那些非常优秀的难得的材料，做必要的分析著录。

（2）对整套著录的多卷书、丛书进行分析著录，对充分发挥每一卷或每一种单独著作的使用是完全必要的。

（3）运用到为报刊编制论文索引，即对报刊里文章的分析著录。

按分析出来的材料的标目不同，分析著录的种类分为书名分析款目、著者分析款目、分类分析款目和主题分析款目。

二、书名分析款目

这是以分析出来的材料的名称为标目的款目。分析出来的材料的名称，可以是一篇文章的名称，一卷书的分卷书名，丛书里面一种书的书名等。分析著录的格式同基本款目不一致，是各种款目中比较特殊的一种，它的一个特点就是有"出处项"，即被析出的材料所在原书的目录学知识。另一特点，分析款目的索书号是所在原书的索书号，读者借到的便是原书。其格式如下：

```
索 书 号   析出篇名(书 名)
          著者及著作方式
          见:——原书名   原著者   出版地
          出版者   出版期   版次   第××—××页
          附注
          提要

                        ◯
```

　　从"见:——页"这个段落称它为"出处项",其记载的是所在原书的目录学知识,即基本款目的简化形式。附注项、提要项都是关于析出材料的事项,而不是原书的事项。

　　卡片例二十二:

```
K269.5   一个共产党员的由来
  33
         (美)斯诺著
         见:——《西行漫记》   (美)斯诺著   董乐山译
北京   三联书店   第103—108页

         本文是西行漫记中的一章,毛主席自述他从童年到
      1936年这段时期的革命活动。

                        ◯
```

卡片例二十三：

```
    图书馆目录的过去,现在和将来
    汪长炳著
      见:——《图书馆学通讯》 1979 年
  第 1 期  第 51—53 页




                  ○
```

　　《条例》中规定不用"见:——"表示,而用"在:"表示。如果被析出的材料的著者也是原书的著者时,出处项中的著者项可以省略,用"见:——其所著《原书名》……"来表示。如上例出处项可改为:"见:——其所著《西行漫记》……"。

　　书名分析款目,排入书名目录中,是书名目录的成分之一。

三、著者分析款目

　　这是以被析出材料的作者名称为标目的款目。其格式如下:

```
索书号      析出材料的著者姓名及著作方式
        析出篇名(书名)
          见:——原书名   原著者   出版项
        第××—××页
          附注
          提要

                            ○
```

卡片例二十四:

```
K269.5      斯诺(美)著
  33
          一个共产党员的由来
            见:——其所著《西行漫记》  北京   三联书店
        1979 年   第103—158 页

                            ○
```

著者分析款目,是组成著者目录的成分之一。

四、分类分析款目

以被析出的材料内容,应归入的类的类号为标目的款目。此类号与所在原书的分类号不同(有时也可能是同一类)。其格式与书名分析款目相同,并根据其内容重新给以分析分类号。此号码记在目录分类号的位置上,此款目便成为分类分析款目。

卡片例二十五:

```
K269.5     一个共产党员的由来
  33      (美)斯诺 著
A751       见:——其所著《西行漫记》 北京  三联书店  1979 年
           第 103—158 页




                        ○
```

分类分析款目是组成分类目录的成分之一。

五、主题分析款目

这是以被析出材料的主题为标目的款目。如果图书馆编有主题目录,便需编制主题分析款目,它是组成主题目录的成分之一。以被析出材料的主题加在书名分析款目之上便成为主题分析款目。

前面已经概括地讲到了适用分析著录的范围,具体说具有下列情形者,可做适当的分析著录:

(1)内容复杂,书名不足以确切显示其全部性质的,如论文集、全集、选集、丛书、丛刊等。

(2)一部书内包括着本书著者以外人的著作,如鲁迅全集内有果戈理的《死魂灵》等。

（3）一部书中包括有与本书性质不完全相同的著作，分类时它们可能属于不同的类目。

（4）书中附有的著者传略、年谱、序言等有特殊参考作用的资料，而没有单行本的。

（5）杂志、报纸及连续出版物的论文。

具有上列情况，只能说明可以做分析著录，但要考虑本馆的任务、读者对象和人力物力情况，既不可不作，亦不可滥用。

第四节　综合著录

一、综合著录

这是对包括若干出版单位的多级出版物进行总著录的方法。这类出版物包括丛书、多卷书和分期刊行的连续出版物（杂志、报纸）等。综合著录是以整套出版物为著录单位进行总著录，反映全部出版物的总情况。可以帮助读者了解某一套书（丛书、多卷书等）都包括哪些分册或分卷，以及它们的各自情况。

二、综合款目的种类

以出版物类型来分有：丛书综合款目；多卷书综合款目；杂志综合款目；报纸综合款目等。如按标目的不同来分有：书名综合款目和著者综合款目等。

由于综合著录法主要用于丛书、多卷书和连续出版物上面，因此综合著录的规则和格式等将在下一章中详述。

第五节　参照法

参照是指引读者从目录中一条标目或一部分去查阅另一条标目或另一部分的方法。参照又称为"参见"、"引见"或"见"。由于参照内容不是揭示图书的,而是指引读者查找目录的方法,因此一条条参照便不称为款目,在卡片目录里就称为参照片。其作用是指引目录之间的联系,通过参照将目录之间的相互联系和相互补充的关系反映出来,从而帮助读者从各个方面查找到所需要的图书资料。

按用在不同目录中来分,参照的种类有:书名参照;著者参照;类目参照;主题参照。按其作用划分有:单纯参照;相互参照;一般参照。

一、单纯参照

这是指引从不用作标目的词去查阅用作标目的词,又称为直接参照。在卡片目录内便称为"见片"。这就是说,一些可能是读者查找目录根据的词,如鲁迅或周树人,实际上并没有用做标目,而不使读者误认为没有,编一张单纯参照,这个问题就可以解决了。

单纯参照的格式如下：

```
    不用作标目的词
       见
    用作标目的词
       理由




                    ◯
```

这个格式通用于书名、著者等各类单纯参照。两个词用"见"字联起，或用"请查"均可。"理由"说明引见的原因。

在书名目录内，凡是书籍的别名、简名、改名的书都可以用单纯参照，从别名、简名、改名等引见书的本名。

卡片例二十六：

```
      红星照耀中国
         见
    西行漫记
      本书原名为《红星照耀中国》，中译本改名为
    《西行漫记》。




                    ◯
```

这张参照片就称为书名参照片。第二节讲附加著录时,曾以"红星照耀中国"为标目作书名附加款目,这样便不能再用原名作参照片了,只是在没有书名附加时,才需做这样的书名参照,也就是说,可以用书名参照代替书名附加。

　　在著者目录里,凡是著者的别名、笔名、简名等,不用作著录标目的名称,都可以编制人名单纯参照,引见用作著录的名称。

　　卡片例二十七:

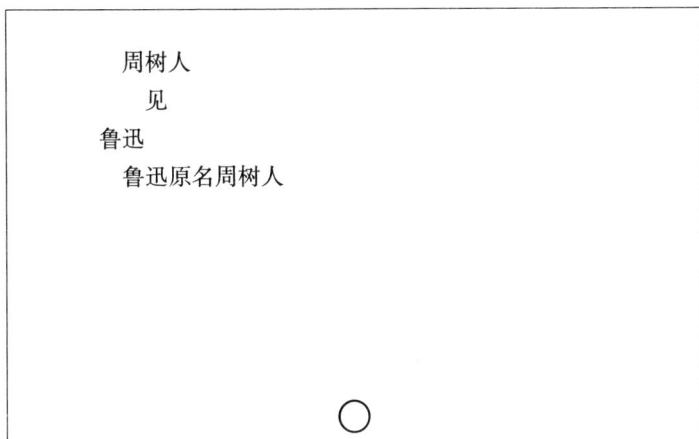

```
        周树人
            见
      鲁迅
        鲁迅原名周树人




                        ○
```

　　这张参照片就称为著者参照片。

　　单纯参照的特点是用"见"字表示。"见"字要写在第二条红直线的右边,空一格,即一字的距离,以便更加醒目。如不用"见"字,而用"请查"等字样均可。

　　上述参照办可用附加著录法来代替,如用周树人编制著者附加款目,但这样会使目录变得庞大起来,而有参照片就可以代替许多张附加款目。

二、相关参照

　　它指引读者从目录中所用的一个标目去参考另一条标目,又称为兼互参照、相互参照。两个标目下的图书有着相互的联系,其内容可以互相补充,从而引导读者从一个对象走到另一个对象,扩大读者眼界,起到辅导阅读的作用,如中国现代史同中共党史两个类目里的内容,相互联系比较密切,学习、研究党史不可不阅读中国现代史的有关资料。相关参照多用在分类目录里。

相互参照的格式如下:

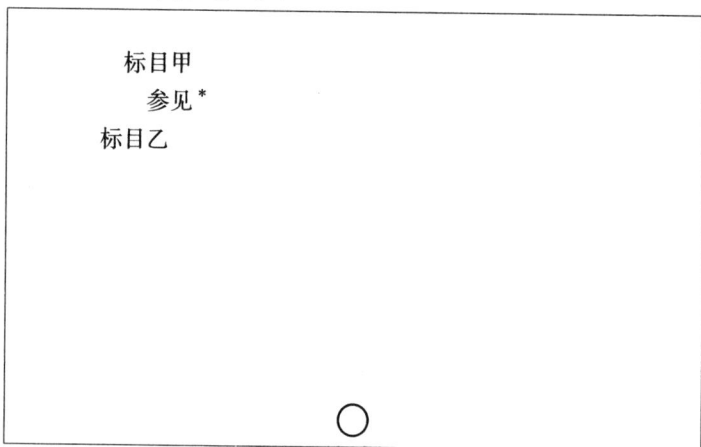

```
        标目甲
          参见*
        标目乙




                  ○
```

既然是相关参照,标目乙也需换到标目甲的位置上再编一张片子。在卡片目录里相关参照,一般俗称为"参见片"。

---

* "参见"二字亦可用"参看"二字代替。

卡片例二十八：

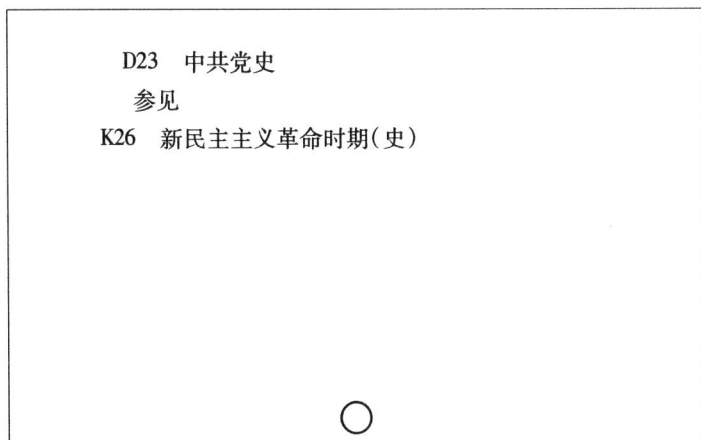

```
    D23    中共党史
    参见
    K26    新民主主义革命时期（史）




                      ◯
```

这便是一张分类参见片,将标目互调位置,再做一张参见片,分别排在有关位置上,便起到了相互指引的作用。

在书名目录里,对于一种书有两个名字而又分别著录的,也可以用相关参照,如"石头记"与"红楼梦"互作相关参照。特别是在期刊目录里,有的刊名经常发生变化,随着变化分别著录时,就需做相关参照片。

卡片例二十九：

```
    昆虫学报
     参见
  中国昆虫学报
  本刊原名《中国昆虫学报》,1952 年 2 卷 1 期改为本名。




                    ◯
```

同时用《中国昆虫学报》参见《昆虫学报》再做一张参见片。这样在目录里就将二者联系起来了,方便了读者的查阅。

参见片亦可省略不编。但应在新刊名款目中的附注项注明原刊名,同时在原刊名款目中注明新刊名称,便可指引读者将新、旧刊联系起来。

在著者目录里也有这种情况,著者名称发生变动,其著作又分列在新旧名称之下时,便需编制著者相关参照片。这种情况多出现在机关团体著作中。

卡片例三十：

中国新民主主义青年团
　　参见
中国共产主义青年团
　　中国新民主主义青年团从 1957 年起改名为中国
共产主义青年团。在此以后该团的出版物均著录在
新名之下。

○

反之也做一张"中国共产主义青年团"参见"中国新民主主义
青年团"的参照片。

总之，凡两个标目下都有书而又内容相近，或前后相连接，便
都可用参见片互相引见。

三、一般参照

一般参照又叫普通参照，是提供关于一定事项的普通说明或
一条编目通则，指导读者查阅目录。凡是可以帮助读者了解目录
编制方法、方便读者查找图书的规则，都可以编制一般参照。

一般参照的格式如下：

所要说明的事项
　说明……………………………………………………
……………………………………………………

○

卡片例三十一：

最新实用
　凡书名前以"最新实用"四字起始的冠词，
在本目录内排检时除去不计，如查"最新实用日华
袖珍辞典"一书，应从"日"字查起。

○

这是一条关于书名目录的使用规则。

卡片例三十二：

```
中华人民共和国国务院所属各部
    凡中华人民共和国国务院所属各部编著的
出版物,都著录在各该部名称之下,请依该部
名称查阅。如中华人民共和国铁道部的出版
物,请从"铁"字查起。




            ○
```

这是一条著者目录使用规则的说明,其他需要说明的事项均可这样做,如中国共产党简称中共等,都可用一般参照来说明,以便读者查找。

第六节　单元卡片制和印刷卡片的利用

在基本款目上分别加上各种图书特征作为标目,产生出相关的各种款目,这样的编目方法称为单元卡片制。对上述所讲到的各种辅助款目的格式比较一下,就会明显地看出,这些款目都可以在基本款目上填加所需要的图书特征作标目而编成。例如,加上著者姓名及著作方式为标目就成为著者款目,将分析出来的篇名和著者及所在页数加在基本款目上便可编成书名分析款目。

正因为有了单元卡片制,目前一些大图书馆在利用印刷卡片的同时,都用油印的方法先印出基本款目若干张,然后根据目录种类的需要填加必要图书特征为标目制成其他各种款目。一些图书

馆采用北京图书馆编的提要铅印卡片,这种卡片就是基本款目,即书名款目。买到这种卡片以后尚需加工,其加工内容如下:

(1)将书与卡片配齐后,审阅图书。根据本馆目录制度,决定编制一些什么款目及其数量,并记在根查内。

(2)在基本款目上分别加有关标目,如著者、主题等,使其成为有关款目。或用简便方法,编制著者款目及著者附加款目,即在著者名称下打一红线,表示该著者是著者标目,并将此款目排入著者目录中去。经过对图书的分类确定类号,如用索书号上的类号亦可,以此编制分类款目;主题款目亦如此做法。

(3)填加各种业务注记和有关参照片。

经过这几步,便可制成各种款目,才可将有关款目分别排入到有关目录中去。有了提要铅印卡片,对提高目录质量十分重要,它能减轻编目的工作量,但并不能完全代替编目工作。不仅它本身需要加工,而且有的书是买不到现成片子的,还需自己编目。就目前来说,应大力推广集中编目,扩大提要铅印卡片的使用范围,为实现全国统一编目和机器编目创造条件。

第五章 丛书、多卷书和连续 出版物的著录法

丛书、多卷书和连续出版物,也是图书馆中最常见的一种出版物。它们虽然各有自己的特点,但它们也有一些共同的特点。主要的一个共同点都是整套的出版物,即在一个总书(刊)名之下分成一系列的种、卷、册、期、号而出版的出版物。根据这一特点,在著录时就要既能反映整套出版物的情况,也能反映其中各个部分的情况,以适应读者多方面的要求。因此,丛书、多卷书和连续出版物的著录,在沿用基本著录法和辅助著录法的同时,还需针对其特点,增加一些特殊的著录事项和规则,才能更好地把它们的内容揭示出来。

第一节 丛书的著录法

丛书是汇集多种单独的著作成为一套并具有一个总书名的出版物。其中每一种书都是一部完整独立的著作,这些单独的著作可以是一个人的,也可以是许多人的著作的汇集。在内容上全书或围绕一个中心题目,或有某些共同特征(如同属某一学派,或针对某一共同读者对象等),但彼此并不一定有内在联系;在组织上,有的编有一定的次序,有的则除总书名之外,没有一定的次序;

在形式上,它们的版式、书型、装订等一般总是一律的;在出版方面,有的一次出齐,有的则逐册出版连续多年。

丛书包含了许多单独的书,但读者不一定知道某丛书都包含了一些什么书,或者他所需要的某种书包含在什么丛书里面。为此,在丛书基本款目上要增加子目项,就可以解决一部丛书都包含了些什么单独书的问题。另外需编制丛书子目分析款目,可以解决某单独的书包含在什么丛书里面的问题。

一、丛书著录方式

1. 整套著录 即将一部丛书,不管册数多少,作为一部书来著录。也就是把一套丛书作为一个著录单位进行总著录,并为各单独的书编制相应的分析款目。

2. 分散著录 即将丛书里面的每一种书作为一个著录单位予以分别著录,并为整套丛书编制综合款目。这就是说,在整套著录时,需要编制分析款目,在分散著录时需要编制综合款目。这样,无论哪种办法都是使读者既能了解到整套丛书的情况,又能了解到其中各单独著作的情况。两者所不同的是整套著录则需整套分类,使一套丛书在书库里能集中在一处,便于管理和使用。而分散著录则每种书单独分类,使整套丛书在书库里分散在各处。

哪些丛书适于整套著录,哪些丛书不适于整套著录,这要根据丛书的不同情况来定。具有下列情形之一者可采用整套著录。

(1)有总书名,有一定的总目录,有明确的编纂计划,册次连贯或编有号次的,例如《四部丛刊》、《万有文库》、《自动化丛书》等。

(2)从各个不同方面搜集资料,以便利一门学科或一个问题的研究,并有明确编纂计划(或有总目录)的,例如《国学基本丛书》、《医学卫生普及全书》。

(3)按时代、地理或其他一定体系编纂而成,且有明确编纂计划（或有总目录）的,例如《中国近代史资料丛刊》、《明清资料丛书》等。

在其他情形下,都以采用分散著录为好。上述三种情况里,都强调了要有明确的编纂计划（或具有总目录）。这是从方便编目考虑的,因为没有明确计划（或总目录）,编目工作者不知道这套丛书究竟包括多少种,何时出完等情况都不清楚。如果不清楚就会给编目工作带来许多困难,况且整套著录是要反映总的情况,如某丛书多少种,具体每一种是什么书恰好又都不知道。这样,整套著录的意义就不大了。特别是一些现代丛书,多是只有总书名,没有总目录,没有编纂计划的说明,没有号次,使编目人员无从查考,进行整套著录就更困难了。因此,目前多数图书馆对该类丛书多是采取分散著录而不采取整套著录法。另一方面,北京图书馆编印的中文图书提要铅印卡片,对丛书也是采用分散著录的方法,为使用方便,对多数丛书采用分散著录是比较方便的。

二、丛书整套著录法的特点

丛书整套著录以整套丛书为著录单位,除采用基本著录法的著录事项及规则外,要增加子目项。

1. 书名项　取丛书总书名为书名,在书名后要记明种数,有卷数时也记明总卷数。记载种数,这是丛书基本著录时书名项的特点。

2. 著者项　以丛书主编者为著者。编辑团体列举其成员姓名时,只著录团体名称和主要负责人。

3. 出版项　因一部丛书有时不是一次出全,往往出版者、出版地发生变化,更换出版者的,记最先或最后的均可,出版地随出版者定。在记载出版期时可记明起讫年（如 1975—1979 年）。

4. 稽核项　只记明总册数,有无图表,其他可不记录。

5. 附注项及提要项　都应记录丛书整套情况。

丛书整套著录的最大特点就是有子目项。子目项记录每种书的书名、著者姓名及著作方式。如丛书不是一次出齐,或出版者、出版地有变化时,都需记录出版项和该书的稽核事项,如册数等。

子目项的位置在附注项后面。《条例》是将丛书子目著录在附注项里。子目项回行时,从第一红直线起。子目项可以用第二张卡片开始著录。许多图书馆,也常用每种书的印刷提要卡片的基本款目,代替每一条子目,一张张排列起来而构成子目项。

丛书基本款目格式如下:

索 书 号	丛 书名 种数 卷数
出	编辑者及著作方式　　出版地　出版者 版期　版次　版刻 册数　图表 附注 提要 子目 书名　著者及著作方式　稽核项 　　　　　　　○　完全分类号　见下片

卡片例三十三：

医学卫生普及全书　十种
　　上海第一医院《医学卫生普及全书》修订小组编
上海人民出版社　1971年
10册　32开

子目：
第一种　祖国医学基本知识　新医疗法和中
草药　308页　0.51元

○　　　见下片

　　需要为丛书各个子目编制有关分析款目，这是不可省略的。
其目的是为了能在目录里，从每一种单独书的书名、著者、分类等
方面查找到这些书。分析款目可按所设目录种类的要求，编制书
名分析款目、著者分析款目、分类分析款目和主题分析款目。
　　分析款目的格式如下：

索　书　名	书	名　　（析出的子目）
		著者姓名及著作方式 　　见:——××××丛书　编者　出版项　第××册 ○

卡片例三十四：

	捻军　　六册
史第三种	范文澜等编 　见：——《中国近代史资料丛刊》　中国 学会主编　　上海　神州国光杜　1953年 ○

编制子目分析片时需注意以下三点：

（1）出处项只记丛书名称及子目所在册次，如遇版本有不同时，需将不同点记录出来，如出版者、出版地、时间不同时就记在丛书名后。

（2）关于子目的附注和提要都要记在分析款目上，而不记在丛书基本款目内。

（3）分析款目的索书号是整套丛书的索书号再加上本子目的册次号。

为了减少目录体积，避免各种目录间的平行反映现象，丛书整套著录时可以有所简化。首先除丛书书名款目之外，其他款目可以不写子目项，而用"本丛书子目见书名款目"的注语来指引读者。其次，有许多丛书，如《四部备要》、《万有文库》等，都有自己单行的总目。此外，过去出版的丛书，也有专门的目录，如《中国丛书综录》、《丛书举要》等。如果图书馆备有这类目录，而将这些目录放在目录厅里，那连丛书书名款目上也可以省略子目项。这时只在款目上注明"本丛书子目见××××，请查阅"就可以了。

三、丛书分散著录的特点

丛书分散著录就是将其中每一种书都照普通单行书著录,其特点是有丛书项,即丛书名单独作为一项,著录在稽核项后面。

丛书分散著录时,可以编制丛书综合款目,以便使读者能了解到这部丛书究竟包含一些什么单独著作。但是由于现代一些丛书缺乏明确的编纂计划(或没有总目录),或本馆搜集不全,加上人力、物力的限制,多数图书馆往往就不编综合款目。从方便读者的角度来说,编制综合款目还是有意义的。

综合款目的格式,同丛书整套著录的基本款目格式基本上是一致的。综合款目的子目项,也可换成"本馆有"项,内容也是记载每种书的书名、著者、出版情况等。

但是索书号则与整套著录时不同,分散著录的每种书都有自己的索书号,因此需将此索书号记在每条子目的前面,这样每种书在卡片上就需占两行的位置以便书写索书号。

卡片例三十五:

讲	卫生小丛书　　××种
	北京人民出版社编辑出版　　1976—
	××册　32开
	○　　　　　　　　　　见下片

此款目为分散著录的综合款目,便没有总索书号,而各子目有

自己的索书号。

	讲	卫生小丛书 -2-
R 472.2 35 R722.1 27		本馆有： 急救知识　北京急救站著　北京人民出版社 1976 年　122 页　0.26 元 新生儿常见病　北京儿童医院内科著 北京人民出版社　1976 年　90 页　0.20 元 …… ◯

第二节　多卷书的著录法

多卷书是一种著作分为两卷或两卷以上而出版的出版物。我国在春秋时代末年人们开始在帛上写书，可以依照文章长短随时剪断，卷成一束，随便舒卷，以便阅读。这样就出现了"卷"，因此"卷"就成为计算书籍数量的单位，同时也是计算书籍内容的单位。目前我们已不大用"卷"来计算书籍的数量，而常常用"册"、"集"、"辑"、"篇"等来做书籍数量和内容的单位。因此，所谓多卷书也就包括多册、多集、多辑书等。多卷书也是具有一个总书名，虽然分成若干卷，各卷一般没有分卷书名，只有少数多卷书的各卷或一部分卷有分卷书名，但是多卷书的内容则是一个完整的有机整体。这一点不同于丛书。在出版方面有的一次出齐，有的分卷逐次陆续出版。但在版型和装订形式等方面，往往是一致的，例如《毛泽东选集》、《资本论》、《鲁迅全集》等，就是典型的范例。

118

多卷书的著录以整套著录为原则,即以整套多卷书为一个著录单位进行著录。各著录事项都记载全书情况。如果各分卷有分卷书名,并且能是读者查找图书的根据,便可为各卷作分析著录。

多卷书整套著录的特点:

(1)在书名后要著录全书的卷数。

(2)出版项要著录全书出版情况,特别是出版地、出版者有变化的要著出,出版时间不一致的要记起迄年。

(3)稽核项只记册数不必记页数,如页数是连贯下来的,可记在册数后用圆括弧括起。

(4)其他事项记全书情况。

(5)各卷有分卷书名,或在出版等方面有变化时,需将子目项分别予以著出。

卡片例三十六:

	抗菌素研究　四册
	童村　张为申主编　上海科学技术出版社 1964 年 4 册　有图　大 32 开　6.30 元 子目 第一册　新抗菌素 第二册　抗菌素的生产工艺 第三册　抗菌素在医学上的应用 第四册　抗菌素在农牧业上的应用 　　　　　　○

未出全的多卷书的著录方法基本上和已出全的书相同,其不同点仅在于出版年、册数都先用铅笔写,待出齐后再用钢笔填记。

目前北京图书馆编印的提要铅印卡片,对于逐卷出版的多卷书,采用分卷著录的办法,即以每卷作为单独的书进行著录。全书出齐后,再以全书总著录来更换。但一些图书馆对于逐卷出版的多卷书也都这样做,就不应该了,因为这样做,使目录体积不必要的膨胀了。

第三节　连续出版物的著录法

具有一个总名分期连续不断的出版物称为连续出版物。连续出版物分为定期和不定期的两类。它的内容绝大多数是由许多短篇文章编辑而成。

一、定期出版物

包括杂志和报纸,此外还有年鉴等。

杂志和报纸反映着政治、经济、文化、科学技术等各方面的最近状态、最新成就和进展,是宣传教育和科学研究的重要工具,也是现代图书馆藏书中重要的组成部分。因此必须迅速而及时地将它们向读者宣传介绍。

杂志报纸编目的基本点是要反映全套刊物的情况和个别卷期的特点(如特刊、专号等),以及中途变化情况。中途变化情况乃是期刊的一个重要特点,刊名、编者、出版机构、刊期、性质等都可能有所改变,因此期刊的著录必须是陆续的进行,不能一劳永逸地一次完成。除刊物本身的变化外,还有收藏情况的变化,如收订一段后又停订,再续订等。在著录时都需反映出来。这些情况均可在附注项内注明,因此期刊的附注项便是一个很重要的著录事项。

1. 杂志的著录　杂志分为过刊和现刊两种。过刊指那些已经停刊的杂志(有的图书馆将一年后的杂志也称为过刊),装订成册后照多卷书的著录法著录。其格式如下:

索 书 号	刊	名　　刊　　期		
	停	编辑者　出版地　出版者　出版期　（创刊年—刊年） 册数　开本 附注项 提要项 子目项		
		⃝　　完全分类号　　　　见下片		

　　期间刊名、刊期等有变动时，记在附注项内，稽核项记装订后的总册数。子目项按年或按卷逐次记载，如收藏不全时，照不全多卷书的办法，将子目项改为"本馆有"项，记载收藏的卷期。

　　现刊指那些尚在出版中的杂志，先用登录卡登记，俟一卷或一年后，装订成册，再予著录。现刊也照多卷书著录法进行著录。一开始即用两张卡片：一张记载总的情况，出版期只记创刊年月，册数可暂不记录，附注项内随时记载有关事项的变化情况；另一张记载子目项，其内容是陆续收到的情况。一般是一年或一卷为一行，例如"1978 年 1—12 期（总 13—24 期）"。对按卷编号的杂志则先记卷数，后记期数，再记年数，如"第 1 卷，1—12 期（1963 年）"，如内有缺期，可在期数后面加以注明。如每年 12 期的杂志内缺第 3 期，就写"1978 年 1—2，4—12 期"，或"1—12 期（内缺第 3 期）"。

<table>
<tr><td></td><td></td><td>红　旗</td><td>－2－</td></tr>
</table>

		红　旗		−2−
		本馆有： 1958 年 1 – 14 期（总 1 – 14） 1959 年 1 – 24 期（总 15 – 38） 1960 年 1 – 24 期（总 39 – 62） ⋮　　　⋮ 1970 年 1 – 12 期（总 220 – 221） 〇		

杂志改名后,则分别著录在新旧名称之下,旧名杂志可按过刊办法处理,但需在附注项内注明"自××××年×月改名为×××"字样。在新名款目的附注项内则注明"在××××年×月前,原名为××××"字样。

卡片例三十七：

		红　旗　半月刊　中共中央主办		
		红旗杂志编辑委员会编　北京　红旗杂志社 1958 年 6 月创刊 1969 年改为月刊　1980 年又恢复为半月刊 〇　　　　　　　　　见下片		

未装订前的杂志著录方法,就是第二张卡片(子目项)可以同登录卡结合起来,待装订后改用前例。其格式如下:

索 书 号		杂志名称												…2…	
		本馆有													
		年＼月	1	2	3	4	5	6	7	8	9	10	11	12	附注
		○													

杂志的附刊、特刊如随同该期刊编号,就随着期刊编目,在附注项内注明第几期是什么专号。有必要时,可用分析著录法予以分析著录。如有重要号外可照单书另外著录,同时在附注项内注明。

2. 报纸的著录 基本上与杂志著录相同,但报纸名称不包括地名的,应在报纸名称后面注明所在省(市)、县。在“本馆有”项只记年、月,不记期数。在一般图书馆中,因报纸种类少,也完全可以不编目。

3. 年鉴的著录 年鉴指的是以一个总书名每年出一次的出版物。年鉴是一种工具书,如以前出版的《世界知识手册》、各种日历、年度报告等。目前各图书馆都照单行书处理,并不照期刊处理。年鉴著录应采用多卷书著录法著录比较简单,但多数图书馆为每年编一张款目实在不必要。年鉴在出版形式方面将年号放在前面如《1965 年人民手册》、《1959 年天文年历》等,都应将年代做冠词处理,并将年代移到子目项里去;即使分年单独著录,也应如此，而将年代移到后面去，相当于多卷书的卷次。这样做才能将同一种年鉴集中在一处。

二、不定期连续出版物

一般就称为连续出版物。它指的是那些汇集许多单篇著作，以一个总名，无限期地分期、分册陆续编号出版，但没有固定周期的出版物。它们的性质与作用都接近杂志，而有些往往就是杂志的前身。目前出版的不定期连续出版物多为内部交流性的，一般都是机关团体、学校科研单位的出版物。这类出版物也是极为重要的文献，时间性、学术性都较强，在为政治、生产和科学研究服务上具有特殊重要的意义。

连续出版物，从编目角度来看，是一个复杂的问题：既类似于多卷书，也类似于杂志。应根据具体情况来对待。连续出版物多数不通过邮局发行。公开出版的一般由新华书店发行，非正式出版的一般是由单位自己发行。因此，在图书馆界有个不成文的规定：由书店公开发行的，一般做多卷书处理；由邮局发行的做刊物处理。非正式出版的情况各异，如何处理，各种各样都有。这就是说在采购、编目、典藏上，就分别由图书采编部门采购、编目和由期刊部订购、编目的区别。因此也就经常出现漏购或漏订或重复购进的现象，也有从交换部门收到后，两方均不管或均争着要的情况。因此要针对具体情况，解决书刊的分界问题。

连续出版物的名称多有"学报"、"通报"、"通讯"、"汇刊"、"集刊"、"丛刊"等字样。在内容上都是反映最新情况或科学技术研究上的新成果。

1. 从编目的角度来看，连续出版物可分为三个类型。

（1）只有总名而各分册完全没有专名。这一种更近似于杂志，只是没有固定周期而已。其著录方法完全仿照杂志进行。

（2）具有总名而另有一部分分册具有专名，如同刊一起典藏则照杂志著录法著录,在子目项里,对有分册名称的注明其名称;如同书一起典藏,则照多卷书著录法予以著录。

(3)具有总名而各分册又都有专名的,例如由中国科学技术情报所编辑出版的《出国考察报告》。这一类型更近似于多卷书或丛书。其著录可采用整套著录法著录。只个别收藏的,也可采用分散著录法进行著录。

2. 连续刊物内的副连续刊物有:

(1)如果全部刊物一共分为几套副连续刊物,那么,可以用每一副连续刊物作为著录单位,分别情况依照上述所述办法进行著录,但要为全部刊物编制综合款目。

(2)如果全部刊物内只有一部分属于副连续刊物,那么,在全部刊物为整套著录时,就要以副连续刊物作为单位进行分析著录。而在全部刊物分散著录时,这套副连续刊物是否也分散著录,要依其本身情况而决定。

3. 零星购买连续刊物中的一种或几种时,应以种为单位依照普通图书著录法著录,在丛书项处注明连续刊物的总名和期号。

连续出版物在目录内的反映,要视具体情况编入图书目录内或期刊目录内。

连续出版物的编目比较复杂,在当作图书处理一阶段后,可能又变成定期刊物,就要及时做出调整,否则期刊目录内不能反映出来,便会影响读者使用。

三、连续出版物的论文索引

杂志、报纸及不定期连续出版物应编制论文索引。编制论文索引是编目工作的继续和深入。索引是发掘和揭示连续出版物内容的有效工具。编论文索引比编期刊目录更为有用,因为索引能揭示每一期的内容。编制索引往往不是图书馆编目部门的任务,而是书目参考部门的任务。现在主要报刊多数由出版部门编制的专门索引,如《全国主要报刊论文索引》等。

论文索引的种类,正如图书目录一样,有分类索引、篇名索引、著者索引、主题索引等。论文索引的著录方法,完全应用分析著录法。论文索引的编制方法将在目录学课里详细讲述。

第六章　特种类型出版物的著录法

随着形势和科学的发展,出版物的形式和物质形态也越来越多样化。有一些出版物,它们在出版形式或者物质形态上和一般图书相比有着或大或小的差别,这样一些出版物,我们通常称之为特种类型出版物。

在图书馆中,经常见到的这类出版物很多,大致可以归为几类:多语文图书;图和地图;特种科学技术资料;缩摄图书;剪辑资料和散装资料。这些出版物在图书馆藏书中占有相当大的比重,其中,大部分是生产、科研和文化教育所不可缺少的资料,对图书馆贯彻方针任务有着很大的作用。但是,这些出版物的特点往往会将它们的内容掩蔽起来,不易被读者发现和利用。因此,我们在整理、揭示和宣传这些图书时,必须根据它们的特点采取一些相应的特殊措施,以便使读者能够充分地认识它们,更好地利用它们。本章所讲的就是为揭示这些出版物的特征而采取的特殊的著录方法。

应当指出的是:这些出版物由于它们的特点所决定,不仅在著录方面要采取一些特别的办法,而且,其中有些在分类、典藏和阅览方面也要求采取特别的措施,如单独成立书藏,单独组织目录,甚至单独设立阅览室或单独制定阅览规则等。因此,这些出版物的著录方法不仅要适应出版物本身的特点,而且,也要随着图书馆对这些出版物所采取的管理和使用的方式而有所不同。

但是,值得注意的是:这些出版物总的来讲,基本上仍然适用于前面所说的各种著录方法,只是在一般著录方法的基础上予以或大或小的改变而已。因此,本章内只讲那些同一般著录规则不同的地方,而不去叙述它们著录规则的全部。

第一节　多语文图书的著录法

一、多语文图书

这指的是一种书里包含着两种或两种以上不同文字的图书。

这类出版物从内容上看,大体包括:学习外国语文的对照读物;科学研究著作;政治宣传或法律性的资料文件;国际组织(如联合国)和国际关系(如国际条约)的文件;工具性的图书(专题书目等)。

正是由于这类出版物在内容、文字上的特点,给图书馆的实际工作带来了一系列的问题。例如,它们应该归入什么文字的书藏呢?应该登在什么文字的图书登录册上,并用什么文字登录呢?它们应该怎样编目,也就是说用什么文字进行著录?编入什么文字的图书目录呢?这些问题如果解决不好,就会使读者找不到书,这些书也就不能充分发挥其作用。但是由于人们对这类出版物的特点理解不同,以及各图书馆的实际工作情况不一,因此,目前我国图书馆界在处理这一类出版物时,还没有一个统一的办法。

这里,我们仅就怎样编目的问题,首先是怎样著录这个问题提出一些看法。

二、多语文图书的著录

多语文图书著录的主要特点就是依据一定的原则,选择什么样文字进行著录的问题。这个问题解决之后,就可以按照前面所说的各种著录规则进行著录,同时,归入相应文种的图书目录。

在选择多语文图书的著录文字时,应该考虑以下几方面的问题:

1. 图书的用途 一般说来,这类书都具有很明显的特定用途。例如,关于学习外国语文的书是为了熟悉一种语言的人学习另一种语言而用的。

2. 图书馆多数读者所惯用的语言 因为读者总是利用其最熟悉的文字来找书的。

3. 目录的作用和著录的目的 目录的基本作用是揭示图书,著录就在于提供这样一种便利,必须使这些书通过著录容易为读者所发现,所认识,所利用。

正是根据以上所考虑到的几个方面,再根据多语文图书的文种使用情况,在选择著录文字时,大致有以下五种规定。

1. 书名页和正文都用两种或几种文字互相对照 如果其中有本国文字,应以本国文字著录;如果全是外国文字,以最前的一种文字著录。但是这些文字中如果有我国少数民族文字,那么,在该民族聚居的地区,以该民族文字著录,在其他地区仍以汉文或第一种外国文著录。如果书名页上只有一部分事项是对照的,也依照本条规定进行著录。所有这类书都应在书名后或附注项内,注明是不同文字对照的书,还可以酌量用其他文字编制各种参照。

2. 正文有几种文字对照而书名页只有其中一种文字 这时应按书名页所用文字著录,因为这种书主要是供给懂得书名页文字的人使用的。

3. 正文只有一种文字而书名页是两种或几种文字对照 这时应以正文所用文字著录。如果正文不是本国文字,而书名页中有一种是本国文字,就应以本国文字编制参照片(书名和著者),因为本国的读者通常会用本国文字来找书,即使书名页上的本国文字只有书名,也应当这样办。

4. 正文是一种文字而书名页是另一种文字　这时应以书名页的文字著录,因为这也是供给懂得这种文字的人使用的。但一定要在书名后面用方括弧注明正文的文别,如〔俄文〕,〔英文〕;或者在附注项上注明:"本书正文是俄文","本书正文是英文"等。

5. 正文混合使用两种或几种文字　所谓混合使用几种文字,就是说书中所用各种文字都是这书的主要成分,共同组成一个有机整体,读者不能只阅读其中一种文字而获得对该书的完全的认识。这是它们同对照的书不同的地方。这些书,情况又各有不同。(1)首先是以一种文字解释另一种文字的书,最常见的是双解字典。(2)正文基本上是一种文字,但附有另一种文字的翻译、注解之类的资料。许多学习外国语文的读本都如此。(3)正文的某些部分是一种文字而另一部分是另一种文字,例如,许多中外文图书合在一处的图书目录,往往分成中、俄、英、日等部分。这类书的书名页以及封面,书脊等处的题名也极不一致,有的是两种文字对照,有的只有一种文字,有的在这一处用一种文字而另一处用另一种文字,情况相当纷乱。对于这类图书在著录时,应当考察这书主要是供给使用什么文字的人之用,而给以相应的文字著录。

所有上述各种多语文图书在划分书藏时,都可以依著录所用的文字划入相应的书藏。

第二节　图和地图的著录法

图和地图以它们的内容和形式而区别于一般书籍。它们一般只有很少的文字,甚至没有文字。它们不是通过文字而是借助于艺术的或实用的画图来反映事物,交流思想,传播知识。它们在生产过程中、科学研究中、文化生活中,在社会、政治、经济、军事工作中和日常生活中都是非常有用的参考工具。它们是图书馆图书财富的一个重要组成部分。

搜集、宣传、推荐和提供各种各样有用的图和地图是图书馆工作的一项重要内容,参考咨询部门和阅览流通部门应当尽力设法扩大它们的流通和利用率。为此,图书馆必须做好图及地图的编目工作。

一、一般图画和照片

图书馆中所收藏利用的图主要包括有:复制的艺术图、政治宣传画、年画、人像以及一切事物、人物、事件、风景、建筑、物品、名胜古迹的照片和它们的复制品(也就是图片)。

这些图画、图片和照片不仅内容复杂,而且物质形态也是各式各样的,归纳起来,其类型主要有三种:书中插图;散叶(有成套与单幅的不同)或卷轴;画册。

对于这些不同类型的图和图片,应该采取不同的著录方法。

1.书中插图　随书著录,不另编目。但对于重要的插图可用分析法为之编制:分类分析款目、图名分析款目、著者分析款目或主题分析款目。或者和其他图片一起编制图片目录或索引。

2.散叶或卷轴　散叶与卷轴应当按其内容对于收藏馆的重要性,分别采用单独著录或分组著录。

(1)单独著录的方法是以一叶、一套或一轴为著录单位,按照普通图书著录方法进行。以图名为书名项,绘图者为著者项,其他著录事项都和普通图书相同。但是在稽核项内,散叶就记明"×页";一套就记"一套×幅";卷轴则记明"×轴"。

(2)分组著录的方法就是以许多图片为一组进行著录,这个方法将在本章第五节再为叙述。

3.画册　画册一律照普通图书著录,按照馆藏目录的需要编制相应的款目。其中重要的图画还可以编制分析款目。

二、地图

地图是说明地球表面的事物和现象分布情况的图。它在解决政治、经济、军事、外交等重大问题,以及科学研究和一般学习方面起着重要的作用。

1.地图的种类　地图的种类是多种多样的。从其内容来看有:政治区划图、经济物产图、地质图、地形图、气候图、雨量图、矿产图、铁路图、邮政图等。从其反映的地区范围来看有:世界地图、全国地图、省区地图、市镇乡村地图、地带地图等。从其反映的地理时代看有:当前形势图、古代形势图、一定历史时期的各种内容的地图等。从其物质形式来看有:折叶、卷轴、单幅的、组合的、地图集以及立体地图(模型)、地球仪等。

2.地图的著录　地图的著录应当反映地图的主要特点。地图著录一般可以有两种方法:

(1)按照普通图书著录规则进行各种著录——这就是:用地图的名称为书名项,绘制人为著者项,至于其他的著录事项也可仿照一般图书,依次著录其出版地、出版者、出版年、版次、版刻,以及必要的从书项、附注项和提要项。《条例》就是这样的。

卡片例三十八：

索 书 号　中华人民共和国地图（政治区地图）
　　　　　　地图出版社编制　北京　地图出版社
　　　　　　1978 年　第 5 版
　　　　　　1 幅　彩色　挂图　1∶22000000
　　　　　　等积圆锥投影

　　　　　　本图行政区划资料截止期 1977 年 10 月

〇

（2）以主题款目的形式进行著录——也就是：首先反映出地图中最引人注意的因素，即以地图所反映的地名、性质、年代为标目。其格式如下：

索 书 号　地名　性质　年代
　　　　　　图名
　　　　　　绘制人或编制人姓名及著作方式　出版地
　　　　　　出版者　出版期　版次　版刻
　　　　　　幅数　幅度　彩色　形制　比例尺
　　　　　　投影法　经度标准　等高线　定价

　　　　　　附注
　　　　　　提要

〇

这样做实质上是一种主题款目，但是，在实际工作中，地图的这种主题款目却要比其前一种基本款目有用得多,方便得多。因为一般的地图的名称都大致相同,不易区别,地图的绘制人不受多数读者的注意。实际上,读者查阅地图时往往总是从某一个地区出发,查找某地方的地图,或者某地方、某一种性质地图。地图的年代,对于地图的用途有着极大的影响,所以也是地图内容的一个重要成分。因此地图的著录应以采用这种主题款目的形式更为适宜。由于这与目前集中编目格式不一样,故只对专业图书馆比较合适。

从以上格式中可以看出地图著录时,稽核项的内容和普通图书不一样,这是由于地图本身的特点所决定的。其中,比例尺(即缩尺)、投影法(只在著录世界图、全国图或广大地区图时才予以注明)、经度起点(如果地图上所用经度不是国际通用的经度时,才需注明)、等高线(地形图上用之)等,对于理解地图有绝大关系,所以不能忽略。这些特点构成稽核项的新内容,地图的稽核项内除了著录以上这四点外,还要注明幅(张)数、幅度(高×宽)、彩色(单色不注)、形制(挂图、折图、卷轴等)、定价等。除此之外,其他著录事项基本上与普通图书相同。

上面所说的著录办法适用于散装的地图及地图集内的各个地图的分析著录。至于地图集本身则应按照普通图书进行著录。其中,各个地图可以用分析法予以分析著录,但要遵从上述地图著录的格式。

地图可以单独组织目录,也可以并入图书目录中,要视具体图书馆的类型而定。

第三节　特种科学技术资料的著录法

一、特种科学技术资料的意义和作用

科学技术资料,其范围是很广的。这里只指有专门用途和特殊形式的出版物,或称之为特种科学技术资料。

特种科学技术资料有很多种类,主要有标准、工艺规程、专利文献、科技报告、工艺图样、产品目录等。其中专利文献主要是外国的,我国目前还没有这种制度,所以也就很少有这种出版物。

由于这些特种科学技术资料对于生产和科研的特殊作用,因此要重视这方面的著录。本节内,只重点阐述"标准资料"的著录方法,对于其余的一些,只提出几条通则。

二、标准的著录

标准是一种特殊的技术文献。它是国家或工农业主管部门制定的工业产品规格,是工业生产的规范,是检查工业产品的尺度,是由一定机构批准的工业企业生产时的依据。

标准资料一般包括:国家标准和部颁标准,以及具有标准性质的规格、试验方案、规范、规程等(这些都不是正式标准)。按其内容分,有基础标准、制品标准和方法标准等,按其出版形式分又有单行本与合订本之分。

标准单行本的篇幅一般不大,装订比较简单,其内容一般是产品名称及其规格的说明,包括尺寸,技术要求,检查与试验方法,验收规则,包装与标志等项。

国家标准在其内容、形式和使用目的上,都和普通图书不同。因此,为了适应它的特点,必须采用一种与普通图书著录所不同的

方式。

目前,我国由于各图书馆性质、收藏数量和管理方法上的不同,对标准资料的处理方法、著录格式也不同。归纳起来,大约有以下几种:

1.按普通图书的著录格式 即以中华人民共和国国家标准×××(标准名称)和标准号为书名项,标准的提出、起草单位为著者项。同时,在附注项内注明:本标准的发布单位和开始实施的日期以及被代替的标准号。目前,我国中文图书统一编目组印发的铅印提要卡片就是这样著录的。

卡片例三十九:

中华人民共和国标准计量局二、三等标准双活塞式压力
真空计试行检定规程 JJG159 - 75
中国计量科学院起草 北京 技术标准出版社
1975 年 12 月
15 页 大 32 开 0.08 元
本规程经国家计量局于 1975 年 2 月 24 日批准,并自
1975 年 6 月 1 日起实施。

◯

这种著录方法适合于标准资料收藏不多,不设有单独的"标准目录",其标准资料随普通图书资料一起排架、整理的图书馆或情报单位。

卡片例四十：

```
┌─────────────────────────────────────────────────┐
│                                                 │
│     GB1147-74(第一机械工业部                      │
│     交通部同提出   于1974年8月1日实施)             │
│   内燃机技术条件                                  │
│                                                 │
│                                                 │
│                                                 │
│                                                 │
│                                                 │
│                       ◯                         │
│                                                 │
└─────────────────────────────────────────────────┘
```

2.以标准号(包括机构缩写、标准号、颁发时间)为标目　然后著提出单位和实施日期再列标准名称(见卡片例四十)。

这是一种较为简便的方法。它适用于以熟悉这些标准资料的广大科技人员为主要读者对象，而且单独组织标准目录、单独排架的图书馆。这种著录方法将有利于检索。

3.以国家标准号为标目　以标准名称和被代替的标准号为书名项，后接批准日期、实施日期。附注项内注明：××部提出，×××批准。

4.标目和书名项与3相同　以提出、起草单位作著者项，出版项、稽核项与普通图书的著录相同。附注项注明：×××标准，批准日期，实施日期，原分类号等。

它们的格式分别是：

```
              国家标准号
          名称    批准日期
          实施日期
           ××部提出    ×××批准




                          ◯
```

```
              国家标准号
          名称
          提出单位    出版日期
          批准机构




                          ◯
```

　　上述两种方法大同小异,但基本上也是符合读者(尤其是科技人员)对标准的检索习惯。

　　对于以上的几种方法应取哪一种,应根据各图书馆的实际情况而定。

　　标准著录时需要注意的是:

（1）各国的国家标准都有自己的分类号，是依据国家自己所制定的分类表编的（我国现时还没有公布分类表）。如果有这个号就可以写在目录分类号地位作为组织分类目录的标志。如果没有这个号，那么在收藏标准不多的图书馆内，可按图书馆所采用的分类法按产品类别分类，以编入普通图书分类目录。

（2）标准常有以新带旧的现象，必须在新标准的有关著录事项内注明：代替国家（或××部）标准第××号。同时，在旧标准著录的有关事项内注明：为国家（或××部）标准第××号所代替。

（3）国家（或部）标准重版发行时，要注明重版日期。

（4）可以为标准编制主题款目。事实上，标准的名称都是产品名称，都可以作为主题。因而可以把它写在基本款目最前面作为标题，构成主题款目。

（5）标准汇编一般照普通图书进行著录，但其书名页标有国家标准号的，应照标准的基本著录格式进行。汇编中的个别标准应仿照散页标准，用分析法予以著录。

5. 标准资料在目录中的反映　标准资料可以单独组织目录，也可并入普通图书目录，这可根据各馆的入藏量及其他原因而定。

单独组织目录时，应将基本款目按顺序号排成标准号目录，或按名称排成字顺目录，依分类号排成分类目录，将主题款目组成主题目录。

在并入普通图书目录时，基本款目也可依顺序号排，作为另外公务目录。分类款目可以用本馆分类号排入分类目录，主题款目可以编入主题目录，如没有主题目录就编入书名目录。

三、科技报告的著录

科技报告一般指的是科学研究成果的报告。它既不像图书也不像期刊，多数是一篇或一册。一般都有具体的篇名和作者（包括提供报告的机构名称），但印刷方式和外形特征不统一。它们的共同特点是：有自成一体的连续编号，有固定提供报告的机构名称。

目前，由于中文的科技报告数量不多，一般也是将它们与中文技术资料放在一起，在著录时，基本上也是按普通图书著录的格式进行，只是在个别地方加了些特殊的事项。我国最大的科学技术情报单位——中国科学技术情报研究所，曾在不同的阶段，根据科技报告的出版和管理方面的情况，采取过两种不同的著录格式。

1. 将报告的具体篇名作书名项　其后注明"科技报告"字样等，以提出单位作著者，后接收藏日期和面数；在附注项的位置注明此报告是在哪一次会议上交流或提出的（参见卡片例四十一）。

卡片例四十一：

```
┌─────────────────────────────────────────┐
│                                          │
│     微波防护服试验小结                    │
│       丹东丝绸二厂                        │
│     1977 年 10 月收      6 页            │
│     1978 年微波能应用推广技术交流会       │
│                                          │
│                                          │
│                                          │
│                                          │
│                    ◯                    │
│                                          │
└─────────────────────────────────────────┘
```

这种著录格式基本上与普通图书及资料的著录大同小异。

2. 另一种是带有表格性质的著录　也就是说，著录的卡片本身是一张表格式的，著录人员只要根据上面的事项填写正确的数字和文字即可（参见卡片例四十二）。

卡片例四十二：

```
┌─────────────────────────────────────────────────┐
│                                                 │
│   档案号 004478   基层编号   动—64—002           │
│   分类号  6－001    密级  公开                    │
│     中华按蚊种群与疾病传染的关系                  │
│   完成单位   中国科学院动物研究所                 │
│   主要研究人员  冯兰州  马素芳                    │
│   工作起止时间  1953 年—1964 年                  │
│   登记日期  1965 年 6 月 21 日                   │
│                                                 │
│                        ◯                        │
│                                                 │
└─────────────────────────────────────────────────┘
```

这种格式适合于单独组织目录,单独进行排架。其中卡片中的档案号和分类号、密级、基层编号这几项,都是科技报告在出版时本身就有的。这些号码对于熟悉科技报告的读者来讲一看就一目了然,既简短助记性又强,而且为馆员组织目录和排架也提供了方便。

此外,也有些单位在著录时,把"科学技术成果报告"作为著录这一类出版物的统一书名,把报告的连续编号和报告的具体名称注在书名后面,把报告的提供或编辑机构作著者。这也是一种著录方法,其优缺点还有待于摸索总结。

四、图纸的著录

图纸作为生产技术资料和科研档案收藏以后,除进行登记外,为了今后供技术设计人员参考,还需做一套卡片目录。其著录事项一般包括:图纸名称,制图单位,制图日期,密级(分有绝密、机密、内部等级),流水号(即所收图纸的总流水号,可作为索取号),图号(即图纸的原有编号)。参见下面卡片例四十三。

卡片例四十三：

```
索  取  号    机密  图号 C15769
              北京大学图书馆馆舍初步设计（附图 16 张）
              北京市建筑公司 1972.3




                      ○
```

　　一套机器或一项工程的设计图纸往往有几十张、几百张，甚至上千张，然而又不可能为每张图纸都做卡片。为了便于查找其中的某一张图纸，应为每套图纸做一本总目录，反映此套图纸中的各张图纸，并编上小流水号，一并附送保管。有的图纸本身就附有总目录，这样只给它编上流水号就行了。有的没有附总目录，但每张总图上都有它的分目录，我们就可以根据总图上的分目录来编总目录。

　　一般来讲，图纸都单独组织自己的目录。

五、其他特种技术资料

　　除了上面说到的几种特种技术资料以外，还有如产品目录、商品目录、工艺图样、技术经验交流资料等，一般都可以照普通图书进行著录，只是它们的特点要在著录上明白反映出来。例如，在书名后面用方括弧注明〔工艺图样〕、〔产品目录〕、〔经验交流资料〕等相应的字样，如果书名不能显示其性质的话，在稽核项中，特别注明图的种类、数目。

第四节　缩摄图书和视听资料的著录法

　　缩摄图书和视听资料，都是文献的一种类型。通常称为非书资料，或曰非印刷型资料。近年来随着科学技术的发展，这类型的文献种类越来越多，并成为图书馆藏书中不可缺少的成分。由于他们本身的特点，在著录与保管利用方面都有一些独特的方法。这就要求根据其特点，在著录上有些特殊的规定，不过由于对这些特点掌握得还不够准，因此在著录方法上还不十分统一，这里只能介绍一般的做法。

一、缩摄图书的著录

　　缩摄图书（也称显微或缩微图书），指的是将图书用摄影方法缩摄在特制的胶卷、胶片或照相纸上，然后用显微阅读机放大阅读的出版物。它和普通图书最根本的区别是载体（即物质形态）不同。缩摄图书一般就其物质形态和印刷方法可分为四种：（1）缩摄胶卷；（2）缩摄卡片；（3）缩摄平片；（4）缩摄胶带。这些缩微品都有一定的规格，有的宽为 35 毫米，有的是 70 毫米，有的 16 毫米等。一件缩摄品可以是一部完整的大书，一套完整的杂志或报纸，也可以是一篇论文或手稿，或一部大书中的一章一节。这样既可以每篇著作作为一个发行单位，也可以许多种著作共同摄制在一个胶卷或一套胶片上。

　　缩摄图书因为体积小所以非常节约书库。一只一立方米的书柜可以盛放上千部图书的胶卷，而且具有重量轻，携带寄递方便等优点。一些因绝版而买不到的图书，特别是成套的杂志和报纸，可以用这方法很快地复制出来。不能出借的善本和珍贵资料，摄成胶卷或胶片即可出借。我国现在许多大图书馆都已有这种摄制设备。越来越多的图书馆都通过它来获得急需的或难得的图书资料。

缩摄图书同普通图书的差别主要在于它的物质形式。在内容上,它同原来的底本没有差别。从著录的角度看来,应该反映出原书所有的特征,因为著录的目的是要揭示和宣传著作物本身,而不是要宣传它的物质形式,但是因为缩摄图书的形态特征,不仅不能同普通图书共同排架,而且还需要特别的阅览地点和设备,所以它们的形态特点也不能不在著录中反映出来。

为适应这些情况,著录缩摄图书时就要注意以下几点:

(1)根据摄制的原书著录,反映出它的原来面貌。这指的是:如果缩摄的是一部完全的著作,就按普通图书著录规则著录,如果是一套杂志或报纸就照整套期刊著录规则著录,如果是一篇论文,就照杂志论文分析著录,如果是一篇未经出版的手稿,也照普通图书著录,但没有出版项,而要以写作年份代替出版年。

(2)在书名的后面要用方括弧注明缩摄品的种别,如"缩摄胶卷"、"缩摄卡片"等。另外,还可以在附注项内注明摄制者或出版者名称、地点和年月,缩微品规格,(如35毫米、76毫米等),胶卷或平片、卡片的卷数(每卷长度)或张数,正片或负片等。

(3)缩摄图书一般都按收到的次序排列(也可按分类排列,但不方便),每卷或每套卡片作为一个单位,依收到先后给予顺序号。同时,应该以这种排架号为索书号,并在它前面冠以"缩摄图书"或其他符号。如有些图书馆就是采用缩微品的汉语拼音缩写代号,加上该书的排架号为索书号的(如:SJ—0001表示缩微胶卷第一卷,PS—0001表示缩微平片第一张,SK—0001表示缩微卡片第一张)。它的格式如下:

卡片例四十四：

索书号　　书名　　（缩微品种类）
　　　　　著者项　　出版项
　　　　　稽核项

　　　　　附注项（摄制地　摄制者　摄制年）
　　　　　缩微品规格　卷（张）数　长度　正（负）片

○

　　（4）如有几种著作共同缩摄在同一胶卷或胶片上,应为各著作进行分别著录和分类,并分别给予索书号,即在缩摄图书顺次号后面为每种著作再加顺序号。例如:一书是缩微胶卷75号内的第四种,其索书号为SJ—75—4。

　　（5）缩摄图书应按原书进行分类,记在目录分类号的地位。

　　（6）缩摄图书应按照图书馆所备目录种类的要求,编制相应种类的款目,或单独组织目录或并入图书目录中。

卡片例四十五：

```
SJ0001-1      西汉会要    七〇卷(缩微胶卷)
 (1-1)      (宋)徐天麟撰    1781年(清乾隆
            四十六年)  武英殿聚珍版
            8册

            北京  北京大学图书馆摄制
            1970年5月  35毫米  1卷

                              ○
```

二、唱片的著录

唱片是一种利用机械录音方法记录声音的塑制片。按其记录的信号类型，可分为：单声道唱片和立体声唱片。按其物质属性，可分为：塑料薄膜唱片、电木唱片等。按其所载的内容体裁，可分为：歌曲唱片、外语教学唱片等。此外按其功能还有快转、慢转之分。

目前图书馆所收藏的唱片，基本上是两大类：(1)语言教学唱片，例如，《英语九百句》、《北京业余外语广播讲座(英语)》等；(2)音乐唱片，例如，女高音独唱歌曲等。

1.语言教学唱片 这类唱片绝大部分是作为一种出版物的附件而购进图书馆的。它们所载的内容可能是该出版物的全部内容，也可能只是其中一部分。但是不管如何，它们两者的关系极其密切。因此从著录的观点看，应该尽量将两者统一(至少也应反映出两者间的关系)，所以，这类唱片的著录应反映原出版物的面貌为宜。但是，唱片也同缩微图书一样，不仅不能与普通图书共同

146

排架,而且也还需要特别的阅览地点和设备,因此,它们本身特有的形态特征也应该在著录中反映出来。

所以,这类唱片在著录时可以采取以下方法:

(1)以原作品名称(大多指书名、篇名、曲名等)为书名项(在一般情况下,原作品名称都和唱片名称相一致);以原作品作者为著者项;以唱片的出版者(也可用唱片厂、公司代号)为出版者;以唱片厂所在地为出版地(外国的就写国名),以唱片出厂日期为出版期。它的稽核项内容应包括:唱片张数、面数、唱片的转速、声音(立体声或单声道)、颜色特性(塑料的或电木的)、尺寸、定价等。这些内容对于唱片的利用是极其重要的,著录时不可遗漏或忽视。具体格式见卡片例四十六。

卡片例四十六:

```
┌─────────────────────────────────────────────────┐
│                                                 │
│  北京业余外语广播讲座(英语)(初级班第一册)          │
│    北京人民广播电台业余英语广播讲座                │
│  教材编写组编     中国唱片社出版                   │
│  北京唱片厂印刷  1977 年 9 月                     │
│                    1                            │
│  1 张 2 面   33 ──  单声道   塑料   17 厘米  0.67 元 │
│                    3                            │
│  本片由张冠林、屠蓓朗读。第一面 63′4″              │
│  第二面 6′58″。                                   │
│                                                 │
│                      ◯                          │
│                                                 │
└─────────────────────────────────────────────────┘
```

(2)由于各图书馆对唱片的收藏数量不同,因此保管的方式也不同。有的是将唱片和其他视听资料一起保管,按其收到先后给顺序号,并以此作为它的排架和检索号,并在前冠上"唱片"的拼音缩写,以免与别的视听资料相混淆,例如 CP—001 代表唱片第一张。有的图书馆由于唱片收藏量较大,因此单独保管,并以唱片本身的号码作为其排架和检索号,例如 BM—10362 等。各馆可根据本馆实际情况灵活处理。

2. 音乐唱片　这类唱片的情况较为复杂。往往一面数曲或者一曲数面,而每首歌曲又分别有不同的名称、不同的作词、作曲者,而且演唱演奏者也各不相同。有时,唱片本身还有片名,例如"获奖歌曲 15 首"等。有时,唱片名称则是几首歌曲名称的并列,例如 A 面包括《天山军民筑路歌》(小号独奏)、《红太阳照瑶寨》(黑管三重奏)、《苗岭的早晨》(小提琴独奏)等。总之,情况复杂。为了保证目录的科学性、实用性,同时又能给读者提供更多的检索点,对于这类唱片的著录,一般可以采取"整套著录"的方法,即以每一张或每一套唱片作为一个著录单位,同时,又为每首歌曲作分析款目。在选择片名时,如果唱片本身有一个名称,那就直接照录,如果唱片是几首歌曲名称的并列,那就取其第一个歌曲的名称作为片名,作者的选择也是这样。

卡片例四十七:

```
CP－003　民族器乐曲
　　　　上海电影乐团等作曲　　上海　中国唱片厂
　　1973 年 10 月
　　　1 张 2 面　33 1/3　立体声　电木　17 厘米　2.00 元
　　子目
　　　A.1.《钢水奔流》(民乐合奏)　上海电影乐团创作
　　上海电影乐团演奏　黄启权(云锣领奏)　宋光海指挥
　　　2.《人民公社好》(民乐合奏)许青彦等曲　上海民族乐
　　团演奏　陆春岑(笛子独奏)　郁志霖男声独唱
　　　　　　　　　　　　　　○　　　　　　见下片
```

唱片分析款目：

```
CP - 003    钢水奔流（民乐合奏）
            上海电影乐团创作、演奏
            见：一《民族器乐曲》CP—003    第 1 首




                    ◯
```

唱片在公共图书馆里，也应按图书馆所备目录种类的要求编制相应种类的款目。唱片可以单独组织目录，也可并入其他出版物的目录中去，但需在书名项内写上"唱片"二字，并用〔〕号括起，以免和其他类型的出版物相混淆。对于音乐、艺术院校或团体图书馆来讲，由于读者对一首歌曲的检索途径是多方面的，因此目录的种类既要尽量齐全，又要注意防止平行和重复。

三、磁带的著录

磁带是用来记录声音、图像、数据或其他电信号的涂有磁性材料的带子。磁带的种类很多：按其物质形态，可分为盒式磁带和盘式磁带；按其功能，可分为录音磁带、录像磁带；按其物质结构，可分为多声道磁带和单声道磁带；按其长短规格、录音时间，有 60 分钟、30 分钟、90 分钟、120 分钟等等之分。其中录像带还有多种规格（如 $\frac{1}{2}$ 或 $\frac{3}{4}$ 英寸）。

目前图书馆所收藏的磁带主要有三种类型：（1）一部著作所

附的录音或录像磁带;(2)图书馆根据需要,自己录制的关于某一专题、某一教材的录音或录像;(3)为着某一需要而录制的音乐磁带。

这三种类型的磁带,由于其所载内容的复杂程度不同,因此,著录上往往也采取不同的方法。

1. **一部著作所附的磁带** 一般按原著作进行著录。所不同的是在稽核项和附注项内记载磁带的特征,因为这些特征对磁带的利用有着重要意义。见卡片例四十八。

卡片例四十八:

題名(磁带种类)

  著作人及其著作方式 出版地 出版者
出版期

  磁带数量 速度 时间 形态 定价
(原著作的册数)

   附:录制地 录制者 录制年

○

卡片例四十九：

> 现代日语（录音磁带）
>
> （日）吉田弥寿夫主编　上海外语电化教学馆译
>
> 上海译文出版社
>
> 1 盘 2 面　9 转　60 分钟　盘式　17.00 元
>
> （附书 1 册）
>
> 上海　上海外语电化教学馆录制　1980 年 12 月
>
> ○

2. 图书馆录制的专题磁带　一般以专题名称为题名项；以编辑人、报告人等为著者项；以摄录制者为出版者；以录制年为出版年，可参看卡片例五十。

卡片例五十：

> 北京大学图书馆简介（录像带）
>
> 陈文良编辑　师晓峰演播　北京大学电化教学组
>
> 摄制　1981 年 3 月
>
> 1 盘　120 分钟　有声　彩色　PAR $\frac{1}{2}$ 英寸
>
> ○

3. 音乐磁带内容多杂时 对此可先按所载内容给每盘磁带拟定标题(包含磁带内所载的各个内容),以标题作为题名。如没有共同的作者,那么著者项则可不予著录。所载的具体内容可通过子目项来详细描述,必要时,也可编制分析款目。

卡片例五十一:

```
女声独唱歌曲 （录音带）
上海音乐学院录制  1980 年 12 月
1 盘 2 面  60 分钟  盒式  9.00 元
子目:
A1:《敬爱的周总理,人民的好总理》 乔羽词
郭成志曲  方明演唱  中央民族乐团伴奏
```

4. 一般磁带索书号 和其他视听资料一样,以到馆先后给予流水号,以流水号作为索书号,以汉语拼音缩写代替其类型,例如 PLI—003 代表盘式录音磁带第 3 号,HLI—001 代表盒式录音磁带第 1 号,LS—004 代表录像带第 4 号。

5. 磁带目录 可以单独组织目录,也可并入图书目录,这可根据各馆实际情况来定。

第五节　散装资料的分组整理与分组著录

一、分组整理和著录的意义及作用

散装资料的分组整理,指的是对图书馆中的零散资料进行选择、分组、标题、登记、分类、编目等一系列过程。

散装资料的分组著录,指的是对图书馆中的零散资料不进行个别的著录,而将一批出版物合起来作为一个单位进行著录;其著录结果不反映个别资料而反映整个一组资料。

在图书馆里,适合于这种分组著录的散装资料是多种多样的,常见的有:(1)剪辑资料;(2)杂志报纸论文的抽印本;(3)散叶图片及照片;(4)油印或打印的工作报告、总结、统计等;(5)档案、文件、信函、单据等;(6)单张的展览品目录、节目单、通告、广告、传单等;(7)产品目录、商品目录;(8)小册子(无永久价值的,同一类型但无总名的,如各学科教学大纲、计划等);(9)活页文选、活页资料等;(10)连环画、"小人书"(在无儿童图书工作的大型图书馆里)等。

这些资料,有些是图书馆有意识地收集起来的,有些是在长时期中无意识地积累起来的。它们的特点是:内容广泛,时间性强。有些资料往往是关于某个问题或某种事物最新鲜、最真实的材料,在科学研究中往往有很大作用,但是,其出版方式又十分零散。

正是由于这类出版物的特点,图书馆既要对它们加以保存、整理和利用,同时,又不可能对它们每一件都进行个别著录。这样做不仅浪费人力而且也会造成目录的庞大臃肿和管理工作、读者检索方面的困难。因此,对于它们采取分组整理和著录的方法,是整理和利用这类材料的最简便的方法。

二、分组整理的方法步骤

分组整理和分组著录可以分为五个主要步骤。

1. **决定分组整理法在本馆应用的范围**　如上所述，可以适用分组整理的出版物（印刷物）种类很多。那么在一个具体图书馆内究竟哪些资料应该分组整理，是要事先订出计划的。这个问题的解决，正如目录中其他许多问题一样，要取决于图书馆的具体任务、读者需要和资料本身的情况。这在各个图书馆是可以不同的。

在解决这个问题时，还要考虑：分组整理的资料如果不止一种的时候，是混合起来保管呢？还是分开保管，还是某几种单独保管而另外几种混合起来呢？由于保管的方式不同，组的内容也就不同。这个问题影响到著录的方法，所以必须先行决定。在决定这个问题时，首先要考虑每类资料的作用，在本馆的使用情况和发展前景，其次要考虑它们的数量。

2. **将出版物按主题或按类予以分组**　必须先分组，然后才能著录。分组标准一般是以主题为主，就是把关于一个问题、一个对象或一个类目的资料集中为一组。当然，主题的范围是可大可小的。例如可以用"图书馆"为题而集中一切有关图书馆的资料，但也可以以"公共图书馆"，"科学图书馆"，"分类法"，"读者工作"等为题，分别集中有关一个问题的资料。甚至可以用"北京图书馆"，"上海图书馆"，"中小型图书馆图书分类法"，"国际十进分类法"等来分别集中有关的资料。当然这是要取决于读者对这类资料的使用要求和资料数量多寡的。比如，在专业图书馆内对本专业的资料应详细分组，对非本专业的就简单分组，这就要求在运用分组整理法时要拟定一个组别表，这个表可以采用主题表或分类表的形式。

当同一问题的资料被集中在一处以后，就可以用文件夹（纸匣，口袋，封套等）装起，成为一个组。将主题写在文件夹外面，这就构成了这个组的标题。应当注意的是:标题的拟定,必须是明确反映出组内资料的性质和范围,如铁道部制定的各部门技术等级标准,内容涉及技术范围很大,有木工技术、钳工技术、电缆工技术、信号工技术等。这些资料虽涉及各类技术问题,但都是结合铁路工程来制定的,因而有必要把这些资料集中为一个组,它们的标题可以定为:"中华人民共和国铁道部各项技术等级标准"。如果一个夹内只有一种资料,那么在标题后面可以标明夹内资料的种类,如剪报、图片、照片等;否则可以不注明。同一主题的资料如果一个文件夹不够,可以再加一个。

3. 决定它们的排列方式 每组资料的排列方法须结合资料的性质决定。但一般说来,通行的有这样两种方法:按主题字顺排列;按分类系统排列。前者就是将各资料夹依其标题的字顺进行排列。后者又有两种情况:如果组别表,已经采取分类表的形式,那么,就将有关组的分类号写在资料夹左上端显著地位作为排架号;如果组别表是主题表形式,就可以将各个主题按照图书馆采用的分类表,给以分类号,并依次进行排列。总的说来,采用主题字顺排列是比较灵活,比较方便的,因为可以不受分类号码体系的限制,增加、修改或删除都比较容易,不牵动全局。但是,弄得不好也容易混乱,因此必须仔细。

4. 进行组内登记 这就是在资料夹上注明夹内有些什么资料,通常是用一张十六开或三十二开的白纸,按下式登记:

```
标    题    （种类）
1  资料题目    （种类）    来源
2.…………    ………    ……
3.…………    ………    ……
4.…………    ………    ……
5.…………    ………    ……



                    ○
```

　　如果一个资料夹内的资料只属于一种形式（论文，剪报，图片，照片等）就在标题后面注明形式种类；如果是几种形式的资料都收在一个夹内，就在每件资料题目后面注明其形式。

　　其中"来源"这一项指的是资料的出处。如果是单行本资料，即注明印制年月，有出版处的注明出版处；如果是剪报或抽印的论文，则注出报纸杂志名称（简称）和年月日期。

　　资料登记以收到先后为序，续到的可以随时添入。

　　登记的这张纸，可以贴在资料夹的表面或者封页里面。

　　5. 进行分组著录　著录时以一组为单位，在目录卡片上用资料夹的标题作为著录标目，在它下面依资料收到顺序，列出每件资料的题目、著作人和来源（著作人一般也可以省略）。如果资料夹是采用分类排列，在索书号地位记上分类号；如依字顺排列，则不作什么记号。分组著录，其格式如下：

```
索书名    标目    (种类)
          顺序号  资料题目  著作人  种类  来源
          ………………………………………………………
          ………………………………………………………




                              ◯
```

为了避免重复工作,有些图书馆只编制分组著录的目录卡片而不进行组内登记。另外一些馆进行组内登记,而只在目录片上写上一个标题(或者标题和分类号)而不著录组内的资料。按照前一种办法在资料夹上看不出夹内有些什么资料,出纳检查很不方便,而且续增资料时,还要到目录卡上去增加。按照后一种办法,实际上不是资料目录而是资料总索引。比较起来,后一种办法在实际上还好些。

分组著录通常只有一种款目,其作用相当于普通图书的主题款目。在组织目录时,这条款目要按标目字顺编入主题目录。如果馆内没有主题目录,就编入分类目录。这时,如原来无分类号或资料组别分类号与图书分类表不同,都应该重新依图书分类表分类。

在分组资料数量巨大的图书馆内,可以单独成立"资料目录"或"资料索引"。

三、分组资料的经常检查与更新

分组资料的经常检查是必要的。必须经常更换过时的标题而代以现实性的标题。有必要时,还可以将资料重新编组,或将原来一组分为几组,或将原来几组合并为一组。这样才能保证资料的实用性和现实性。随着资料夹内容的变更,目录也必须随之更改,不能有目录与资料不符的现象。

　　总而言之,对于零散资料的分组整理与著录的范围,各图书馆应该根据自己的具体情况来规定,不能强求千篇一律。

第七章 字顺目录的组织法

目录组织是编目工作的第二步。它指的是如何将已经著录好的各种款目,本着一定的原则和方法,组成一个有机的整体,使其成为一套揭示藏书、宣传图书、辅导阅读的检索工具。

一、目录组织工作的内容

1.目录内部的排列 也就是说,如何根据一定的分类体系、检字方法和一定的组织原则,将各种款目组成分类目录或字顺目录,以达到排检准确、迅速的目的。

2.目录的装饰 在目录中编制指导片,在目录外部标明目录抽屉号和目录柜标签。

3.目录思想性和技术性的检查 即及时剔除过时图书的卡片(主要是指读者公开目录)。

4.目录的保养 要及时补换污损、破残卡片,以保证目录的完整性。

二、字顺目录的种类

依据款目上标目字顺组织起来的目录叫字顺目录。在我国用这种形式组织起来的目录有书名目录、著者目录、主题目录,并且都是单独组织。在英、美等国,字顺目录大都是将书名、著者、主题三种目录合并在一起混合排,这种目录称作字典式目录。

第一节　检字法

我国的汉字顺序排列比较复杂,其方法是多种多样的。字顺目录的组织是通过一定的检字法来实现的。因此,在讲字顺目录组织法以前,先介绍几种常用的检字法。

一、笔画笔形法

这种方法按照汉字的笔画数目,由少到多,少的在前,多的在后。笔画相同时,按起笔的笔形由点、横、竖、撇、折为序,起笔相同再依次笔排列。第一字相同,按第二字的笔画笔形排列,依次类推,直至能区别先后为止。现以"车"、"石"、"立"、"辛"、"位"五字排法为例,先按笔画排为:"车"、"立"、"石"、"辛"、"位",其中"车"为四画,所以排在最前面,"石"与"立"为五画、"辛"与"位"为七画,同笔画的再依起笔笔形排。但是,目前我国各图书馆对笔形先后顺序的使用很不一致:有的是"、"、"一"、"丨"、"丿"四种;有的分"、"、"一"、"丨"、"丿"、"フ"五种;有的是"一"、"丨"、"、"、"丿"等。

在第一字完全相同的情况下,怎样进行比较,目前各图书馆所采用的方法也不相同。归纳起来,大约有三种:第一种是比第二字的笔形,相同时再比第三个字,依此类推;第二种是比第二字的笔画,笔画相同再比笔形;第三种是比第二个字以下的字数多少。一般来讲,大多数图书馆采取的是第二种方法。

二、部首检字法

先按字的部首先后排,部首相同再以笔画的多少排。部首的多少和部首之间的次序是有一定规定的,但不易被掌握。目前,大多数图书馆都不用此法来组织目录。

三、四角号码法

这是按汉字的四角形状,划分成若干组,每组给予一个数字符号,如:"一"的形状为1,"丨"为2,"、"为3,"十"为4,"キ"为5,"口"为6,"乛"、"乚"等为7,"八"为8,"小"为9,"亠"为0。这是简单的配号办法,详细内容请看四角号码的各种具体规定。确定这个以后,再给具体字配号码,取码的顺序为:左上、右上、左下、右下,例如"形"为1242,"袍"为3721。字顺目录就根据这一号码顺序排列。以组织著者目录为例,著者姓名分单名和双名两种,若是单名,那么姓氏和名都取其左上角和右上角号码,组成著者号码。若是双名,那就取其姓氏的左上角和右上角,名字第一、二字均取其左上角构成著者号码。

四、汉字拼音音序法

它是以汉语拼音字母为顺序,一位一位地进行比较,就像英语字典的排列方式一样。如果第一个字的第一个字母都相同,再比第二、第三个字母,依此类推。如果第一个字的字母完全相同,就比声调(汉语声调分第一、二、三、四声,以其为序),如果第一个字的字母和声调还完全相同,再按它们的笔画笔形,也有的图书馆到了这一步就不再按笔画笔形,而是再比第二个字的字母。

以上是常用的几种检字法,这几种检字法除汉语拼音音序法外,都是以汉字形体结构为基础的。它们在历史发展过程中,起过一定的作用,有的至今还在被广泛利用着。但是应当看到,由于汉字本身存在着字数繁多、结构复杂、同字异体等问题,具体表现在排检上的缺点有:

(1)一个字属于哪个部首有时难以确定。例如:"竞"在"立"部而"意"则在"音"部,"舆"入"臼"部,"杨"在"木"部而"相"则在"目"部,有时难以让人明白为什么要在这个部。

汉字简化以后,"开"和"关"再也不属于"门"部,因此,又要改动以前的目录排检顺序。即使是目前,有些工具书对于部首的归属也不一致。例如"意",《辞海》将它标在"立"部,《新华字典》将它归在"心"部,《现代汉语词典》又将其列在"音部",使人无所适从。

(2)新旧字形或楷体与宋体字差别,难于掌握,如"礻"和"示","来"和"來";"曾"和"曽"等。由于差别细微,稍有忽略,就影响排检。

(3)有些字笔画和笔顺无一定规范,不容易判断。尤其是笔顺往往因人而异,随意性较大,如"长"应作四画,"丿"为起笔,而不少同志将"长"作五画,"丨"为起笔。又如"皮"起笔,有的作"⺀",有的作"丿"。分歧的现象不胜枚举。

(4)不少字笔画繁多,必须一笔笔计算,不仅费事,而且往往由于数错或起笔不对而无法检索。

(5)用汉字的四个角取号,方法虽然简便,但标准不够规范,而且群众基础并不广泛。此外,重号太多。

总而言之,以汉字形体结构为基础的检字法,有很多缺点是难以克服的,这对提高字顺目录的排检效率是一大障碍。

作为一个科学的检字法,尤其是应用于图书馆目录的检字法,应该具有较长的使用价值,它不仅能迅速、准确地提高手工排检效率,而且也应有利于今后电子计算机编制书目索引和文献检索的现代化和自动化。因此,有人认为检字法要实现这一目标就必须克服以汉字形体结构为基础这一条,也就是说应该走"世界共同的拼音方向"的道路——用汉语拼音的排检方法。采用这种方法的好处是:

(1)可以克服汉字结构复杂所带来的排检上的困难。它不受部首、笔画、笔形和汉字简化的桎梏,只要能读出一个音节就能使用目录。

（2）能大大提高排检效率。过去使用笔画笔形法，工作人员离不开检字表，而现在只要掌握了这个方法，排检的速度就会大大加快，检索的准确性也大有提高。

（3）具有较长的使用价值。可不受汉字简化的影响，给图书馆目录的稳定性带来了可靠的保证。

（4）有一定的群众基础和发展前途。现在，一般的青少年都学过汉语拼音（1958 年以后上学的人大部分都学过），对于学习过外语的中、老年读者掌握起来也较快。

但它也有一些缺点：

（1）汉语拼音排检法首先要求能够准确读出、读准所需检索的字，如果要检索一个不认识的或者读不准的字，那就很困难。

（2）有不少同形异音字，如《多弹头导弹》、《弹性力学》、《植物种子学》、《怎样种水稻》等，如果忽略或不能准确地区别它们的读音，就会发生错排错漏的情况。正是由于这种情况，在某种程度上影响了它的推广。

随着汉语普通话的不断推广、汉字的改革和简化，人们对于各种检字法优缺点的认识和实践正在不断深入。一些新的检字法不断地创造和发明出来，它们的科学性和实用性如何，将在实践中得到说明。

第二节　字顺目录组织法

一、书名目录组织法

书名目录是把以书名为标目的款目，按书名字顺组织起来的目录。它是由：书名款目、书名附加款目、书名分析款目、书名综合款目、书名参照片和书名指导片所组成的。

书名目录的组织是按所采用的检字法来组织其各种款目的。排列时,必须严格遵守检字法的规定,不能凭主观臆想,以免造成混乱。它的具体排列方法是:

1. 按其各条款目标目的第一个字的字顺先后排,第一个字相同,按第二个字的字顺先后排,依此类推。

2. 书名完全相同时,再按著者的字顺排。

3. 同一书的不同版本,按出版年顺序排或按反纪年排。

4. 书名相同,不题著者姓名,又无出版单位名称的书名款目,排在有著者、有出版单位名称的款目前面。

5. 书名加有标点符号,一律忽略不计,按全书名字顺排,但有破折号的,排在相应词无破折号的后面。

6. 同一种书的多卷集或连续性出版物,在书名之下,再按卷(册)或连续出版的顺序号次序排。它的不同版本,亦按连续顺序号排,不要把第一个版本的卷(册)顺序号和第二、三……版本的连续顺序号混合交错排,一种书的多卷集,即使各卷(册)的著者或编者各自不同,也按顺序号排。

7. 正书名相同,正书名下另有副书名、主题名称及地区、时代文字时,应分别不同情况,区别对待:(1)正书名下有副书名或主题名称的,再按副书名或主题名称排;(2)正书名下有国家或地区及内容主题名称的,再按国家或地区及内容主题名称排,但正书名下有编号顺序的,则按编号顺序排;(3)正书名下加注有历史时期(代)的,按历史时代的先后顺序排。

8. 书名以"第"字开始的,如"第"字下为数字,无论数字为汉字或阿拉伯字,均按数字顺序排,再按数字后汉字排。书名中夹用数字的亦仿照这个办法,把它们排的相应的地方按数字顺序排,再按汉字字顺排。

9. 同一种书,既有单行本的书,又有丛书子目的,单行本书片排在前，从书子目片排在后。

10. 在编目过程中拟加的书名或补充的书名文字括有〔 〕号的，一律照排。编目过程中省略的书名文字括有（ ）号的不予排列。

11. 书名以外文字母、阿拉伯数字或罗马数字开头的，均按各文种字母、阿拉伯数字、罗马字母或公元纪年顺序排列全部书名卡片后面，书名中夹有以上字母的，也仿照这个办法把它们排在不夹用外文字母、阿拉伯数字或公元纪年等相应书名的后面。其排列次序是拉丁字母、俄文、希腊字母、阿拉伯数字、罗马数字、公元纪年。

书名参照片亦按其字顺排入有关位置。书名目录中的指导片有两种：一种是一般指导片，用以指引读者关于本目录的顺序结构。另一种是特殊指导片，这是为了推荐特别重要的著作用的。

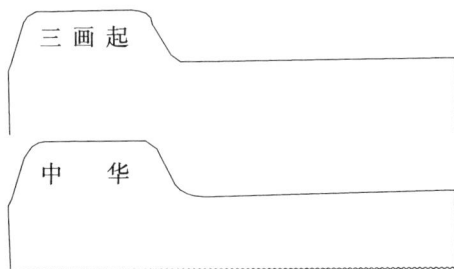

一般指导片，可以指示笔画、笔画笔形，也可以是单字或几个单字，也可以是一个词，例如："中华人民共和国"。但这要看其起首相同的字或词有多少图书来决定。这种指导片不能太多，一般说，以每 25～30 张卡片配置一张较为合适。

目录柜与目录盒的装饰很重要，可让读者直接到所需要的盒里去找。每一目录盒外面应该标明该盒内卡片排列的起讫字。例如：

三画"丶"起 三画"丿"止	四画"一"起 王一天	四画"丨"起 中一中央

二、著者目录的组织

著者目录是将以著者为标目的款目,按著者字顺组织起来的目录。它是由:著者款目、著者附加款目、著者分析款目、著者综合款目、著者参照片、著者指导片组成的。具体组织方法如下:

1. 著者目录的排列仍遵守字顺次序,首先依各种著者款目的标目的首字字顺排列成先后。首字相同,再依第二、第三字,依此类推。

2. 著者姓名完全相同,而不是同一著者时,分别不同情况处理:(1)属于我国著者时,按时代先后排(但现代著者是建国后在前,建国前在后);(2)属于我国著者姓名与外国著者译名相同时,我国著者在前,外国著者在后;(3)同是外国著者的译名相同时,按国别的字顺排(或按著者原文的字顺排)。

3. 同一著者的不同著作,按书名字顺排,书名相同按版次排,同一书的多卷集或连续性出版物,按它们的顺序排。

4. 外国著者的汉译姓氏相同时,再按原文姓氏下第二、第三字表示名字的缩写字母顺序排。对汉译姓氏后不附原文的,排在有原文的前面。

5. 建国前与建国后机关团体名称相同时,将建国后机关、团体排在前。

指导片与参照片的排列方法与书名目录相同。

著者目录有时也可以抛弃字顺的原则,采取系统化的排列方法。例如:同一著者的著作很多时,先排全集,次排选集,再排单行本。各种作品的摘要、续编和改编等排在原书的后面。党的著作,若按系统化排列,其次序是:(1)党纲、党章;(2)以党的名义发表的文告、宣言等,再依书名排;(3)代表大会或代表会议的文件,先按届次、次数、年份排,再依文件名称排;(5)中央各部门,如中央组织部、中央宣传部等机构的文件,先依组织系统排,再按文件名称排;(6)各地方党组织的文件,先依省区排,再依县市排,再依文件名称排。共青团的出版物也仿党的著作排。

但是,这样排列容易同分类目录的排列相同,故一般可不这样做。

三、主题目录组织法

主题目录是将主题为标目的款目,按主题字顺组织起来的目录。它是由:主题款目、主题附加款目、主题分析款目、主题参照片、主题指导片组成的。其具体排列方法是:

1. 主题目录按各种主题标目字顺排。当主题标目相同时,一般依书名排,也可以按著者排。

2. 主题相同,按副标题字顺排,但用历史年代为副标题时,按年代顺序排,用地区为副标题时,按地区范围排。例如:以中国、苏联、北京、莫斯科、英国、伦敦、天津、河北为副标题时,中国、北京、天津、河北排在一起;苏联、莫斯科排在一起;英国、伦敦排在一起。

3. 主题目录中的指导片与书名目录相同,它的参照片也都按其标目字顺排列,但相关参照与一般参照应排在标目相同的卡片前面。

四、书本式目录组织法

书本式目录和卡片式目录的区别只是形式上的区别,排列方法是一样的。

书本式目录,特别是印刷的书本式目录,要求著录内各项记载的位置整齐而紧凑,使人一眼能多看些东西;同时,各项记载要清楚分明,一目了然。标目要突出,书名要明显,其他各项要分清。标目一般要用较大的字体,书名可以用与其他著录事项不同的字体。

　　卡片目录中的指导片在书本式目录里变成分节的标目,要用大小不同的字体来表示不同等级的标目;同一等级的标目要用相同的字体。

　　字顺目录以检字法所要求的笔画笔形或其他标志作为分节标目。

　　在书名目录内,依书名字顺逐字排列。

　　在著者目录内,在相同的分节标目下,将各种著录依著者姓名字顺排列。但对于著者可以在其名下加注简单的生平事略,各条著录也应加以系统化。

　　在主题目录内,在相同的分节标目下,将各种著录依标题的字顺为序。标题相同的著录都用基本著录形式或依著者或依书名或按性质分组排列。

　　所有各目录内部组织都可仿照卡片目录。

第八章　机读目录

第一节　什么是机读目录

一、什么是机读目录

机读目录,也称为机器能读目录或机器可读目录。简言之,它就是用计算机识别与阅读的目录。要使计算机能够识别与阅读,就必须有相应的载体与识别方式方法。载体又称媒体,是指可以记录数据的材料,例如磁带、磁盘、纸带等。

对于机读目录来讲,其载体是计算机的各种存贮器,目前多记载在计算机磁带上,识别方式是计算机的程序自动控制。计算机只能存贮与识别"0"与"1"二种状态,怎样来记录、识别与自动控制机读目录呢? 原来,目录记载在计算机磁带上的,不是传统目录的文字,而是用0、1组成的代码来代替文字。0与1不同的个数与位置就代表了 A、B、C、D、1、2、3、4 等多种字母、数字与符号。这些数字、字母、符号及其互相的组合,就称为数据,数据中所包含的意义就是信息。

目录记录在磁带上就是一大长串的0与1,计算机程序根据代码来识别这一大长串的0与1,并按代码所含的信息,由程序自动控制进行编目与查目。

因之,要使计算机能阅读与编制目录,必须先将组成目录信息的数字、字母与符号转换为机器能识别的代码形式;计算机按代码进行加工处理后,还要再将代码转换为人能识别的文字,才能为人们所利用。这是一个输入、处理与输出的复杂过程。怎样能使输出的结果符合人们的需要呢? 这就需要程序设计人员,根据人们对目录的各种要求,编出程序,由程序代替人来自动控制计算机的输入、处理与输出。这样一套用于图书馆编目的程序,就叫编目应用软件。

可见,计算机编目过程,就是人们将目录信息转换为机器可读形式的代码输入到计算机中,计算机由预先编好的编目程序自动控制进行处理,将结果转换为人能识别的文字并编成人们所需要的各种目录输出出来。什么是机读目录,更确切些讲就是:以代码形式和特定结构记录在计算机存贮载体上的,根据人们的需要,编目应用软件能自动控制、处理与编辑输出的书目信息,就是机器可读目录。

最早的机读目录是 MARC(即 Machine – Readable Catalogue 或 Machine – Readable Cataloguing 的简称)。MARC 起源于美国国会图书馆,现在它已经成了国家一级机读目录的专有名词,所以就用 MARC 或音译"马尔克"来表示。而机读目录是计算机编制的机器可读目录一般性通名。各国、各单位编的机器可读目录,都叫机读目录,MARC 是机读目录的一种。

因此,我们谈到机读目录时,有三种类型:(1)MARC;(2)一般的机读目录;(3)MARC 与一般机读目录的结合。

二、机读目录与手工目录的比较

机读目录与手工目录都是由图书馆编制的反映馆藏的图书目录,这是二者相同点的基础;二者编目的手段,一是用计算机,一是用人的手工,这是它们相异点的基础。

1.手工目录编目法是机读目录编目法的基础　机读目录编目

法(简称机读法)与传统的手工目录编目法(简称手工法),都是编制图书馆目录,由于其对象和目的是完全一致的,所以,编目的基本原理与基本方法是相同的。机读法完全沿用了手工法的原理与方法,只是使用了不同的手段。

在手工目录中,描述图书在内容与形式上的特征或属性的那些项目,叫著录事项。一种书的著录结果叫款目,一条款目就唯一地表示了一种书,它是编制图书馆目录的基础。许多款目按其标目的特定顺序排列起来就构成了书名、著者、分类与主题等多种目录,各种目录的有机结合就构成了目录体系。

机读目录的加工处理对象也是图书,目的也是提供图书馆目录,所以上述的基本划分也是适用的。手工目录中的著录事项,在机读目录中相当于字段(field),根据需要每个字段还可以划分为若干子字段(subfield)。字段的集合称为记录(record),相当于款目。记录按一定顺序的排列集合称为文件(file)。从内容与时间上具有完整意义的一个文件,经过程序控制的计算机加工处理,就可以输出需要的著者、主题、书名、分类等多种目录。这个文件本身就是一个内涵功能很强的目录体系。

手工法分图书著录法与目录组织法,图书著录法规定有基本著录法与辅助著录法,有各类型出版物著录法,有必须遵循的著录规则,著录中有一定的思想内容与形式上的要求。目录组织法规定有一定的组织规则与排序方法。这一切,机读法基本上是适用的。所以,一些成熟的著录条例与目录组织规则,如国际标准书目著录 ISBD(International Standard Bibliographic Description)或英美编目条例 AACR2 是编制机读目录时要遵循和使用的。

上面这些相同点,说明了机读目录是手工目录与先进的计算机技术相结合的产物,是图书馆目录的现代化发展。手工目录是机读目录的基础,现代化的编目法是来自传统的编目法,没有传统的编目法,现代化编目法是建立不起来的。

但是，由于采用了先进的计算机技术，使用了全新的技术手段，从而开创了现代化的编目方法。所以，机读法在方式方法上与手工法比较起来，就有很多的不同和创新，有很多现代化自动化的因素。

　　机读法与手工法的根本不同，归结起来，就是目录的记录载体与加工处理方法不同，下面从这二方面来分别说明。

　　2. 机读目录的记录载体磁带及其记录特点　　手工目录一般记录在纸上，由人直接阅读，而机读目录的载体是计算机的各种存贮介质。由于磁带具有存贮量大、便于交换、价格便宜等优点，所以目前机读目录的载体多用磁带。记录载体的不同，就使两种编目法有了很大的区别。

　　(1)机读目录需要有设备条件——磁带上的目录信息，人是不能识别的，要编制与使用这种机读目录，必须有相应的计算机与相应的应用软件，即需要有硬、软件的先决条件。这里讲"相应的"意思，是指计算机与应用软件必须与已有的磁带之规格及其记录格式是互相兼容的，是互相匹配的。例如，半吋(英制，下同)宽的磁带，不能用在1吋的磁带机上。它的记录密度、代码种类与记录格式等不适合，或根本不能用，或要进行转换。这些条件是严格的，必然会给机读法造成了困难，带来了复杂性。

　　(2)磁带规格——机读目录的发售、交换和保存，都记录在磁带上。磁带有一定的规格，规格不同就会影响到磁带与计算机的匹配，从而影响机读目录的使用。磁带规格主要有如下几个方面：

　　①磁带的磁道：主要有9磁道与7磁道二种，目前国际上以9磁道居多。

　　②记录密度：目前多为1600bpi(bits per inch，即每吋位数，位/吋)，少者800bpi，高者达6250bpi。

　　③奇偶数校验：分奇数校验与偶数校验，一般以奇数校验居多。

④磁带宽度：国际上通用半吋，国内机器通用一吋宽。

⑤磁带的卷头标、磁带标记、区组间隔、磁带长度及磁记录方式等规定。

（3）代码——在计算机中，各种目录数据（符号、字母与数字等）都要转换为计算机能够识别的、磁带等载体可以写入与读出的代码。提供目录磁带的计算机型号不同，代码可能不同。目前国际上常用的代码有"美国信息交换用标准代码"ASCII（American Standard Code for Information Interchange）、"扩充的二——十进制代码"EBCDIC（Extended Binary Coded Decimal Interchange Code）等。这两种代码均为 8 位编码，$2^8 = 256$，只能编出 256 种代码，这就使图书馆的多文种编目难于实现。

如果要处理多语文图书，就必须有相应的字符集与硬件设备。所谓字符集（character set）是为某一目的（输入、显示、打印等）而设定的，由计算机处理的一组互不相同的字符。可以用两种字符集的换盘方法来扩大字种的数量，这要有硬件技术相配合。想用一种机器的编码字盘，编出世界各种文字的图书目录，在现有技术条件下，是不可能的。要编出中文图书目录，就必须有复杂的中文信息处理设备。

（4）物理记录与逻辑记录的划分——物理记录是指目录数据按其存放设备的大小或物理性能来划分的信息单位，它便于数据的传输与读写，本身不具有完整的逻辑上的含义。字块就是物理记录，数据存在磁带上时，用磁带记录间隙来区分块；当文件被读入内存时，只能传输完整的字块，如果仅使用字块中的一部分数据，必须将完整的字块读入内存中选择。

逻辑记录是指从逻辑含义上来划分的信息单位，本身具有完整的逻辑上的意义。上面谈到的相当于手工目录款目的记录，就是逻辑记录。一个文件是逻辑记录的集合，一个逻辑记录又是有关的字段和子字段的集合。

逻辑记录存放在存贮器中,可能有一个记录一个字块,一个记录几个字块或几个记录一个字块的三种情况,这叫字块分割法,反映了逻辑记录与物理记录之间的关系。由于目录数据不断地输入与输出,数据在磁带、磁盘、内存之间频繁交往,这样必须依内存量大小等因素,来确定逻辑记录与物理记录之间的关系。

(5)计算机输出目录载体的多样性——计算机能输出多种介质的目录载体,有卡片、书本、胶片、磁带等。载体的多样性,就为广泛的使用提供了可能,为机读目录与手工目录的结合,为手工目录向机读目录的过渡创造了必不可少的条件。

3. 计算机自动处理与编目方法

(1)一条记录——由于计算机能由编好的程序进行自动控制,对于输入的目录数据能进行加工处理与编排,只要输入的项目齐全,计算机就能处理与编制出各种款目。因此,只要输入一种详尽的记录,不必在著录时著录成多种记录并考虑各种记录的不同形式,从这个意义上讲,机读法只有一种详尽的记录。

是不是辅助著录法不用了呢? 不是的。恰恰相反,辅助著录法在机读法中比手工编目用的还要广泛,但采取了不同的方式与形式。手工法中每种辅助著录法都要编出相应的辅助款目,一种书有很多款目。机读法在机器内部不采用多个记录的办法,而是采用在一个详尽的记录内增加可检字段的办法,即增加需要编制辅助款目的项目,并将它作为可以用之进行检索的可检字段,输出后这个项目就是输出款目的标目。这样,机读法的辅助检索途径就相当多了,相应输出的辅助款目与目录种类也就多了,辅助著录法应用的更加广泛。但形式上是将所有的款目都由一条详尽的无所不包的记录所代替。这个重要的特点,可以称之为"一条记录,多种款目"。

(2)机读记录要有更加严谨的格式结构——手工目录的款目与机读目录的记录之间的根本差别之一在于:前者的许多信息是

174

隐含的而后者则都是明显的。人们看一张手工目录卡片,不用特殊的标记,由款目格式与人的判断能力,就能认出书名、著者等项目,以及其开始与结束的地方,机器却没有这种能力。由于人们有判断能力,格式不十分严谨或没按规定略有出入,项目名称与位置不明显标明,也能了解款目中的内容,这就形成了不少隐含的信息。机读目录则不然,它必须把这些隐含的信息标明出来,必须采取切实可行的方法,使机器能确切地区分各个项目,并准确地找到每个项目从哪儿开始到哪结束。一般采用两种方法,一是机读目录的记录要有更加严谨的格式结构。在记录内划分为区、字段与子字段;规定各自的构成内容与相互关系;规定各自的长度与识别方法。这个格式结构比手工法的款目结构要更加严谨,差一个字符,差一个位置就影响机器的正确处理。另一种方法是使用标记符号。这二种方法一般是并用的。

格式结构包括:①字段长度是可变长或固定长,以及有关字段数目的规定;②记录内设置若干区的规定;③可变长字段识别方式的规定;④逻辑记录与物理记录关系的规定;⑤扩充与修改的考虑等。

(3)机读记录中需要有标记符号——在机读目录中用来识别和标明项目特征的另一方法是采用标记符号。用于标记字段的字段识别符号叫字段标识和子字段代码。用于标记结束的叫终止符,有字段终止符、区终止符、记录终止符和文件终止符等。有的还规定有描述字段内容含义的指示符号。还有些为排版、打印、编索引等规定的特殊标记符号。

格式结构与标记符号相结合,就使隐含的手工目录信息在机读记录中完全明显化了。

(4)字段的细化及其作用的强化——机读目录中的字段,要比手工目录中的著录事项数量多,著录的更加详尽与细化,其作用也大大强化了。

由于一条记录多方利用,使机读法的字段数量多于手工法的著录事项,这在下一节的介绍中会看得很清楚。字段的区分也更加细致了,其下又划分出子字段,这是字段细化的体现。可检字段比较容易增加以及相应字段功能的增强,是字段作用强化的体现。

字段分为可检字段与不可检字段。可检字段是指可以用该字段的字段值来检索这个字段所在的记录,它是机读目录的存取指针,是文献库内变换和进行各种处理以输出多种目录的标目(或称为关键字),编制多种索引及变换成多种文件的依据。

字段的细化及其作用的强化,是机读法优越于手工法的地方之一。

(5)自动控制的组织法——编目应用软件与可检字段相结合,就形成了自动控制的机读目录组织法。手工法是将可检的著录事项作为标目,由人工排序来组织目录,一般来讲组织三、四套目录,要费大量人力。机读法的可检字段就是组织多种目录的标目,有什么可检字段,就能由程序代替人来自动控制,组成相应的目录和进行相应的检索。可检字段容易增加,同自动控制的高速性和准确性相结合,就形成了机读目录输出的多样性与灵活性。这又是手工法所望尘莫及的,其编目速度之快,也是手工法所不能比拟的。

总之,由于计算机的自动控制,使机读法形成了自己的特点。输入的单一性与详尽性,输出与使用的多样性和灵活性、广泛性,一种记录多种目录,一种输入多种载体输出,一次输入多次利用,一处加工多处使用,一种方式加工多种方式应用。机读目录能满足人们对目录的多种类型、多种形式、多种用途的灵活的需要。

三、机读目录举例

本书没有介绍机读目录的编制法。但为了使大家对机读目录有一个感性认识,特举一例子,说明手工目录的一个款目怎样转换为机读目录的一条记录。限于资料缺乏,仅举一英文图书的记录作为例子。

机读目录的基本信息单位是逻辑记录。正如手工法的主要目的在于编制款目一样,机读法的关键在于编出一条逻辑记录,并将其按照物理组织——字块分割法的要求,存贮在磁带上。每条记录内的数据结构,称为记录格式。根据磁带的特点与要求,记录格式在磁带上的表示,称为磁带格式。

书目信息用磁带格式有许多种,我们举全世界机读目录的创始格式——MARC Ⅱ式为例,其简称就是著名的 MARC 格式。

下面是一张传统的美国国会图书馆(Library of Congress,简称LC)印刷卡片款目:

> Scott,Alwyn,1931—
>
> Neurophysics. New York,1977.
>
> 340p. illus. 21cm.
>
> 1. Neurophysiology   2. Biological
>
> physics
>
> QP363.S36   612.8043   77－2762
>
>   MARC
>
> ISBN047102998X
>
>   ◯

款目中列有著者及其出生年、书名、出版地、出版年以及稽核项、主题项。左下角的 QP363.S36 是 LC 的索书号;下面是国际标准书号 ISBN(International Standard Book Number) ;612.8043 是杜威十进分类号;右下角的 77—2762 是 LC 的卡片号。

此款目仅有比较简单的九个著录事项。为了转换为机读目录的一条记录,先要将这九个著录事项,按照磁带格式的有关规定,进行格式编辑,标注出各著录事项相对应的字段和子字段的标记符号。经过输入与计算机处理,形成一条记录。

一条记录在磁带上的记录形式,如下页所示。

为了便于大家理解,下面对这条机读目录记录作简要说明。

MARC 格式将每条记录划分为三个区:头标区、目录区和数据区。头标(leader)是对一条记录的总体说明,指明记录的长度、状态、数据区的开始地址以及标记符号等。MARC 格式规定,头标区的长度固定,一律都是 24 个字符。

目录(Directory)区由若干目录项组成,每一目录项列出数据区中相应字段的字段标识、字段长度和该字段的起始字符位置,以供计算机准确迅速地存取相应字段的数据。目录同每本书的目次一样,注明题目与页数,以供读者查找。数据区有如每本书的正文,存放各字段的数据。

数据区由若干个字段组成。按理,其字段数目应相同于手工款目中著录事项的数目,但实际数目却多一个。上例中的款目由九个著录事项组成,而转换为机读记录之后,却变成了十个字段。从例中可见多了一个固定长数据单元字段,这是机读记录增加的一项。增加固定长数据单元,是为了注明图书加入机读目录的日期、图书的出版国家、插图情况、复制形式、内容特征、出版物类型和载体、文种等项目,以便于对整个图书的了解并利于机器的处理。

机读记录中增加了许多手工款目中没有的标记符号,以便于机器识别字段、子字段、区和记录,知道它们从哪儿开始又到哪儿结束。目录区中每一项开头的三个字符,如∅1、∅∅8、∅2∅、……65∅等,是字段标识,其中∅是数字 0,以便于同字母 O 区分开。数据区中的 $a、$b、$c 和 $d 是子字段代码,$ 用来标记子字段,a、b、c、d 表示子字段的顺序。ᵛ是字段或区终止符号,ᴿ是记录终止符号。

178

头标区24字符	目录区

ØØ 385 nam Ӄ Ӄ 22ØØ 145Ӄ Ӄ Ӄ 45 ØØ	ØØ 1 ØØ 13 ØØØØØ

ØØ 8 ØØ 41 ØØØ 13	Ø2 ØØØ 15 ØØØ 54	Ø 5 ØØØ 16 ØØØ 69

Ø 82 ØØ 13 ØØØ 85	1 ØØØØ 25 ØØØ98	245 ØØ 18 ØØ 123

26 ØØØ 29 ØØ 141	3 ØØØØØ25ØØ17Ø	65 ØØØ 44 ØØ 195

LC卡片号	固定长

Ӻ	Ӄ Ӄ Ӄ 77 ØØ 2762 Ӄ	Ӻ	771 ØØ 1 S 1977 Ӄ Ӄ Ӄ nyua.Ӄc

数据单元 —————————— 国际标准书号

Ӄ Ӄ Ӄ Ӄ Ӄ Ӄ Ӄ ØØØ 1 ØØeng Ӄ Ӄ	Ӻ	Ӄ Ӄ $ aØ471Ø2998

LC索书号	杜威十进分类号	

×	Ӻ	Ø Ӄ $ aQP363 $ b·S36	Ӻ	Ӄ Ӄ $ a 612·8 Ø 43	Ӻ1Ø $a

著者项	书名项

Scott, Ӄ A1wyn , $ d 1931 →	Ӻ	Ø Ӄ $ a N e u r o p h y s i e

出版项

s·	Ӻ	Ø Ӄ $ a N e w Ӄ y o r k , $b w i l e y , $c 1977·	Ӻ	Ӄ Ӄ $

稽　核　项	

a 3 4 Ø P· $ billus· $ c 21 cm·	Ӻ	Ӄ Ø $ a 1· N e u r o p h

主题项	记录终止符

y s i o l o g y · 2 · B i o l o g i c a l Ӄ p h y s i c s · Ӻ	ℝ

所有的字符都是以编码的形式记录在磁带上或存贮在机器内,人们需要时,再由机器自动地将编码转换为相应的字符输出。图中出现许多次的 b 符号,是用来表示字符之间空白的空白符号,它也是编码的字符之一。图中的这些数据,以编码的形式存贮在机器中,就构成了一条完整的机读目录记录。

第二节　计算机化的编目系统

本节从系统角度,介绍机读目录的整个系统情况,这里讲的系统是指为了实现某种功能,由人、机器和方法等等组成的一个有机整体。

一、计算机化编目系统的建立

1. 计算机化编目系统的设备　这是系统的条件之一。

(1)设备的特点——计算机化的编目,是利用计算机来解决图书资料数量大与加工整理查询困难之间的矛盾。计算机是编目的工具,编目用计算机的特点是:

①目录数据存贮量大,需要永久保存:其存贮量大大高于数值计算,但小于情报检索。根据国外资料记载,图书馆目录数据量很大,中等图书馆为 10^8—10^9 字符数,标准大型图书馆为 10^9—10^{10} 字符数,美国国会图书馆为 10^{10}—10^{11} 字符数,这就需要相应的外存贮器来存放与永久保管。

②逻辑运算功能强:处理的是语言信息,需要进行大量的字符串运算,这同于情报检索,而大大异于数值计算。

③不断大量的输入输出:输出介质与形式要求多样,以适合手工方式与现代化方式共用。

④如果联机查询,需要同时接待大量用户,人机对话,远距离

存取,能实时修正查询结果,等等。

（2）设备的组成——根据上述特点,计算机化的编目系统设备由主机、外存贮器、输入设备、输出设备、通信及通信处理设备、终端设备、中文信息处理设备以及光电照排设备等组成。当然,这是一个很完善的硬件系统的构成,前四种对任何一个系统都是必要的,但配备的多少与特点不同。后面几种设备,视系统的需要和可能而定,全面配备是很困难的,有些设备可以采取协作的办法使用。

上面设备组成是指联机系统,如果不是联机系统,则通信与通信处理设备等就不用了。

图书的文字种类极多,许多图书馆都入藏多种文字的图书,因而需要许多种字符;而编码的字符数目不够用,就成为编制机读目录的最大障碍之一,也是机器拥有的字符集问题。编中文图书机读目录,必须有中文信息处理设备。中文书繁多,有古文与现代文,繁体与简体,要求字符集就相当庞大,比新闻出版界的中文处理还要困难。

用目前一般的电子计算机,同时编制西、俄文图书机读目录也很困难。原因很简单,一般机器上,都没有配备俄文的字符集,俄文中特有的字母,如 Ж、Ы、Э、Ю、Я 等均没有。就是各种西文图书的解决,也有一定困难。

美国国会图书馆选用了 IBM MT/ST 电传打字机,标准键盘有44 个字符,上下二档共 88 个字符,仅能用于罗马字母。MARC 试验中,美国国会图书馆、美国国家医学图书馆与美国国家农业图书馆这三大国家馆,共同研究了一个扩充的罗马字母字符集,包括主要的罗马字母和非罗马字母的罗马化形式的字符,突破了打字机键盘委员会的控制。扩充的罗马字符集是在"美国信息交换用标准代码"（ASCII）的基础上,由 69 种字符扩充到 176 种字符,解决了西文图书的编目问题。这一成果受到了美国图书馆协会（American Library Association,简称 ALA）的认可,故又称为 ALA 字符集。又由于是在 MARC 工作中发展起来又广泛地用于 MARC 业务,所以也称之为 MARC 字符集。美国一些计算机公司制造的某些终端和打印机,就配备了 ALA 字符集,这是图书馆购买终端和打字机时要考虑的重要先决条件之一,这也是 MARC 对硬件的贡献。这个字符集虽然还未定为国际标准,但这一设计已广泛用于世界的图书情报系统,为国际标准化工作的开展打下了极好的基础。当前,扩充的拉丁、斯拉夫和希腊等字符集的国际标准草案,已提供讨论。

2. 建立计算机化编目系统的其他条件　建立一个计算机化的编目系统,需要具备许多条件,可以归结为二个方面。

（1）计算机方面的条件——计算机设备是首当其冲的条件,前面已谈过。除硬设备外,还需要有软件方面的条件,要用计算机编目,必须有编目应用软件。

美国国会图书馆的编目应用软件是 MUMS,英国有 British Library Software Package,适用 ICL 机器的还有 ICL MARC Package 软件。这些可以引进我国,但引进的软件难于同本系统的实际情况相结合,使用困难,一般都无法修改。

对于硬设备来讲,如果本单位没有机器,可与附近计算中心或外单位联系使用他们的机器。

（2）环境方面的条件——作为一种现代技术的电子计算机,若在某项工作中得到应用,必须具有适合其应用的环境条件。

环境条件可以分为社会环境、技术环境和业务环境三个方面。例如,在我国目前条件之下,想要建立美国那样网络遍于全国的联机集中编目中心,即使进口了同样的设备和软件,也是建立不起来的,因为当前我国不具备建立网络的通信条件。用计算机编目,资源共享,必须使传统的编目业务规格化、标准化,进行主题标引,建立集中编目,科学管理;若编制全国联合目录,必须做到统一管理,

182

将各馆收藏情况核准并提供出来。如果业务环境不适宜,条件不具备,管理不科学,计算机化是搞不起来的。计算机不是编目的一切,仅仅是编目的手段。

建立一个计算机化的编目系统,需要提供较多的费用,这又同社会经济条件密切相关。编目系统的费用,一般由下列几个方面决定:计算机(购买或租用)、软件、订购 MARC 磁带或自编磁带、运行与维护、材料以及人员等。美国每条 MARC 记录费用约需几十美元。

3.计算机化编目系统的建立　建立一个系统,大体有如下几个步骤:系统目标的确定,包括目标、机构、规划、人员与费用等;系统分析与系统设计;程序设计;系统的试验与运行、评价等。其过程如下:

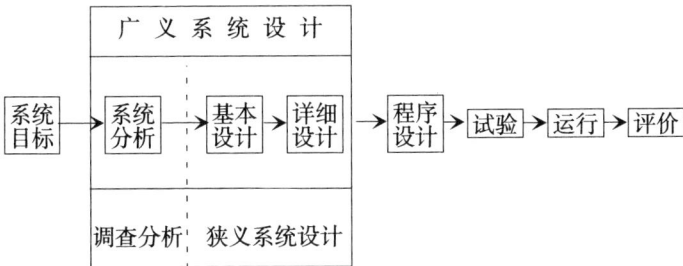

一般不大建立单一的编目系统,而是建立综合的图书馆自动化系统。即使先单独建了一个编目系统,也要考虑以后系统发展与扩充。

(1)系统目标——建立一个系统首先要提出目标,有机构、人员、费用等条件保证,订出规划,安排大体的时间表。

(2)系统分析——计划与目标确定后,就要对打算实现计算机化的现有系统进行调查研究,即进入系统分析阶段。所谓系统分析是指"为了得到某种最佳结果,对一个活动、过程、方式或技术所进行的全面分析。分析的结果指出应采取的步骤和顺序、所需要的条件以及和其他活动之间的关系等。"系统分析又分为系统调查、分析综合与评价三个阶段。首先,在建立一个计算机系统之前,必须对计算机所要处理的业务对象进行详细的调查研究,掌握有关的业务流程、现状以及各种关系。在此基础上对现有手工系统进行逻辑分析,分析整个工序与衔接,以及对现有方法的效率、经济性、准确性、工作量以及时间性的分析。而后对分析的结果进行评价,对实现计算机化的可能性、效率、费用、时间情况做出估价,哪些地方能用计算机,哪些业务还不能用,手工系统要进行哪些工作等等,都要作出估计与评定。

系统分析中,在调查研究与分析综合基础之上,将计算机所要处理的所有业务对象加以表格化,用表格与流程图方法来表示。这些图表有:

①业务工作分析表:包括内容分析图表、动作分析图表等。

②方框图:表示系统的功能、组织、管理业务等。

③工作流程图。

④信息相关图。

其中方框图的方法是:以中心或关键业务部门为主,明确业务工作之间职能的相互关系。

系统分析的结果,应有一个系统分析说明书或系统分析报告。

(3)系统设计——在系统分析的基础上进行系统设计,分为基本设计与详细设计两步进行。其设计范围包括进行程序设计之前有关硬件、软件以及数据的输入、输出、文件建立、用户使用等多方面。基本设计与详细设计内容范围相同,后者更加详细,划分为各个子系统来进行,其结果要达到能进行程序设计。

①首先要确定该系统的切实范围和目的要求:经过系统分析之后,要确定机器能干哪些工作,不能干哪些工作,哪些工作因条件关系要以后才能由机器进行,确定计算机应用的具体目的。划

分人与机器各自的工作范围以及未来发展。在此基础上构思出系统流程图,用数据流程图的方法描述计算机在编目工作中,处理编目业务的范围及流程、数据流动、人与机器关系等各个方面的问题。这个流程图也可以显示建立计算机编目系统逐步扩充的几个步骤及互相连接。

②输出设计:设计输出的种类,各种输出的格式、项目、规格、载体等,要详尽与确切。

③输入设计:输出决定输入,根据输出要求,确定输入数据的项目、格式,设计输入工作单。考虑数据收集方式,输入方法与载体,输入后的校验方法等。

④文件设计:主要是确定磁带格式以及文件组织方法,尤其要规定这些数据之间的数据结构及相互关系。

⑤处理过程设计:从纵向的详细处理流程和横向的每日、每周、每月和每年的处理范围来说明。

⑥程序模块设计:根据详细设计结果,将未来的程序划分模块并确定每块的功能,确定各模块的关系与接口。

⑦计算机系统的配置:如果是新购机器,那要根据要求选定机型与设备;如果已有机器,则要详细了解机器的硬件配置及可用情况,系统软件的设置和功能。要画出计算机系统构成图。只有吃透了机器及系统软件,才能进行总体程序设计,写出计算机配置及其使用说明书。

上述各部分都要写出相应的说明书,总的要写出详细的系统设计说明书。系统设计的评价可根据:性能、费用、时间、可靠性、灵活与可扩充性等。系统分析与系统设计统称系统工程,有专门的系统工程人员。

(4)程序设计——在系统设计完成后,就可以开始程序设计了,因为本课程不讲授软件问题,就不多加论述了。

(5)系统的试验、运行和评价、改进——程序调试好之后,就可以进行整个系统的运行试验,按系统实际要求进行输入、处理、输出和产品使用的试验,对有问题的地方进行修改。试验成功后,整个系统开始正式运行。在运行过程中,对系统还要进行评价与改进,使之逐步完善与扩充功能,满足用户的更多和更高的要求。

二、计算机化的编目系统

1. 机读目录的输入

(1)机读目录的来源——一个计算机化的编目系统,其机读目录的来源大体上有如下三种:

①来自 MARC 磁带,用 ISBN 号码、LC 卡片号、著者/书名各选几个字母组合的多路存取或其他标识选出本馆的藏书目录或一个计算机化编目系统的藏书目录。

②来自集中或合作编目的文件,可能采取联机方式,也可能采取脱机批处理方式。

③本馆或本系统编制与输入。

这三种方式一般是结合使用的,即使采用前二种方式,也要补充自己独有的前二种文件中没有的图书记录。对前二种方式的记录,各馆也要加入自己馆藏有关的信息和索书号,才能真正成为本馆的藏书目录。

当然,有的图书馆根本不从事任何机读目录的工作,也没有任何设备,但它可能订购机读目录编制的目录卡片或 COM、书本联合目录等。这样的图书馆,其本身并没有机读目录,也没有终端,更谈不上一个系统,只是享受与使用机读目录的成果与服务,这也应属于计算机化的范围。

(2)书目记录格式——对于一个馆或几个馆合作的计算机化编目系统,必须首先解决书目记录格式问题。是自编,还是用别的格式?是选用 MARC 格式还是用另外的格式?自编格式采用固定长、可变长或是同 MARC 格式兼容?这一切,要视具体情况与环境条件而定。在选择当中,兼容性是一个要着重考虑的问题。

①自编格式:这是根据自己的特定情况,编制有自己特点的格式。

英国巴思大学,认为 MARC 磁带比自编要贵,MARC 格式太繁,不易使用,自编"巴思小目录"。每条记录极简化,平均 266 个字符。

英国克莱德郡图书馆,考虑到 MARC 格式在当地难于实行,自编了固定格式、固定长字段的记录格式,每条记录固定长 300 个字符。

②自编与 MARC 格式兼容的简化格式。英国拉夫巴勒大学图书馆,1970 年设计了一个简化格式,格式要达到:专著、连续出版物、情报检索系统采用相同的格式结构;记录中设置有容纳研究报告与分析著录的字段;为参加当地采购、编目、装订、价格等协作创造条件;与 MARC 格式兼容,但更简便与有伸缩性。

这个格式叫做"最小量输入的编目系统"MINICS(Minimal Input Cataloguing System)。其格式也分三个区,但字段标识为二个字符,没有指示符号与子字段代码,有字段终止符,大约长度为 MARC 的五分之一,这是个可以借鉴的好办法。

③完全采用 MARC 格式:MARC 是个通信格式,供磁带信息交换使用,也可以作为各馆处理用的格式。各馆自编的格式,可以通过软件转换为 MARC 格式,MARC 格式也同样可以转换为各馆的格式。

(3)输入方式——选定了书目记录的来源,确定了格式后,对本单位输入的部分,要进行手工的加工,详尽的著录,填好工作单,然后就可以进行输入了。输入的载体与方式有如下几种:

①卡片与纸带的穿孔输入方式:对计算机输入来讲,这是一种老的方式,但目前仍在使用,特别是对于批处理更是如此。国外大都使用穿孔卡片,分 80 列和 96 列二种。卡片穿孔机的速度为每

分钟 200—300 张,卡片读出速度为每分钟 1000—2000 张。

②键盘－磁带或键盘－软盘输入方式:这是将穿孔机与磁带(盘)机的功能结合起来的一种新型输入方式,通过键盘,数据直接记录到磁带(盘)上,它利于数据的校对,其方式有联机与脱机之分,联机时可以多路并行输入。

软盘便宜,一台软盘机 750 美元,1 个软盘片 10 美元。能容纳 1900 张卡片上的数据,携带又极为方便,联机与脱机都能适应。这种方式特别有利于图书馆使用。国外采用这种方式已占输入量的 20%,正向小型化、轻便化与低价化发展。

③终端直接联机输入方式。

④其他输入方式:如果是买的 MARC 磁带,可以直接上机读入处理。

2. 机读目录的计算机处理

(1)机读目录的文件组织——输入到计算机中的相关记录的集合就是文件,对机读目录文件来讲,就是相关的机读目录记录的集合。

计算机化编目系统的文件组织,一般采用以下方式:

①主文件:按输入顺序编制键号(控制号),将记录按键号顺序线型地排列存贮在磁带或磁盘上,这是一个顺排文件,叫顺排主文件。它是项目最多、内容最详、记录数量最全的文件,是编制其他各种文件的基础。

②新资料累积文件:为了处理上的方便,新输入的资料定期自建一个累积文件。一方面不用频繁地同主文件交往,另一方面可以极方便地用于定题服务和编制新书通报等。它定期地合并到主文件中去。

③其他文件:为了编制各种目录和进行定题服务与回溯检索,特别是联机查询,提高检索速度,需设立相应的倒排文件或其他按属性编制的文件。这些文件是否建立与建立哪些,完全依用途

188

而定。

（2）计算机的加工处理——计算机对机读目录的加工处理，大体上有下面几项内容：

①核对输入记录：由计算机对输入记录的格式进行判断，打出错误诊断单。当然只能判断标记符号和格式结构的错误，无法判断数据中的错误，编目质量还是要靠人来保证。经过人工校对与修改，再输入，有的往返几次。

②更新：将新资料累积文件定期合并到主文件中去，进行主文件的更新，也包括文件内容的增加、删除和改正。

③编排文件：根据系统的需要与要求，由计算机进行各种文件的编排工作，这包括编辑、存贮与更新。

④编辑输出：各种排序的目录和目录卡片所需要的数据和格式，由计算机进行编辑，然后输出。

⑤处理查询：对各种问题的查询，经过处理给予相应回答。

⑥检索处理：由计算机直接进行检索服务，一般有两种检索方法，一是定题服务，用新资料文件进行有针对性的检索服务，一是主文件的回溯检索服务。

主要是上面几种，处理方式有批处理与联机处理二种。

3.机读目录的输出　计算机的输出，可以从输出方式区分，如：打印、显示、计算机输出缩微胶片（COM）、穿孔卡片或纸带、磁带输出及其他。

从输出载体可以分为纸张、胶片、卡片和磁带等。

我们将上述二者结合起来，谈谈机读目录的输出形式：

（1）打印输出——其中又分为二种类型。

①打印纸打印：由计算机的行式打印机打印出目录，可以复制，装订成册。每月可以打印新资料汇集本，6个月或定期打印全部目录文本供查询。这是一种可以考虑的编印书本目录的方式，但对大量印刷本，需要再制版印刷。

②计算机输出目录卡片:这在美国广泛使用,即由计算机输出手工卡片目录的一张张卡片,作为传统的目录卡片使用。其最大优点是可以将计算机编目与手工编目有机地结合起来,对建立集中编目系统有极大好处。

(2)计算机输出缩微胶片(COM)——COM 输出方式的优点是:频繁的累积能力强,存贮密度大,处理简便,价格便宜,携带方便,便于保管等。

伯明翰图书馆机械化合作计划,在研究目录输出形式时,比较了几种方式:一年的输出费用,COM 是 212 磅,大写字体打印是900—1300 磅,大小写字体打印是 3491 磅。可见,COM 要便宜的很多。COM 有影片式和连环式二种,缩小比例为 24 ×、42 ×、48 ×。

英国柴郡图书馆编制 1000 帧的 COM 为 8.30 磅,拷贝 1000帧为 0.75 磅。

(3)计算机控制光电照排——由计算机控制,将目录信息由光电照排机照相排版,然后大量印刷发行,它解决了行式打印机的一些缺点。国外设有专门的计算机排字局,承担这项工作,印刷质量较高,大小写字体均可。这有利于解决大量发行的书本目录和联合目录问题。

当然还有利用终端的联机输出方式,依靠显示和打印获得目录。

巴思大学比较目录研究(Bath University Comparative Catalogue Study,简称 BUCCS),分析比较了目录载体的优劣,从检索平均时间来看,情况是:

COM 胶片	2 分 50 秒
COM 胶卷	2 分 45 秒
目录卡片	3 分 36 秒
书本目录	2 分 22 秒

研究组认为,喜欢胶片的用户比喜欢胶卷的为多,主要是价格便宜、邮寄方便、容易阅读。COM 的缺点是必须有阅读器,另外,更新一次,则从前的目录就作废了。

(4)磁带输出——如果用户自己有计算机,可以由编目系统进行磁带输出,既可以全套复制磁带,也可以从编目系统的目录中选取用户有关的部分,输出到磁带上,供用户上机使用。这种输出方式是极为灵活的。

计算机能输出目录卡片、书本目录、缩微胶片(卷)和计算机磁带。这四种产品包括了现有的各种形式的目录,这为机读目录的广泛应用创造了条件,这是机读目录具有强大生命力的主要原因之一。

三、机读目录的利用

机读目录的利用范围极广,涉及到国家书目、书商目录、图书馆目录与图书馆联合目录。其使用地域可以是地区、国家与国际范围。

1974 年 3 月,美国国会图书馆的 MARC 订户,除美国国内,还有 23 个国外的机构、大学、研究单位、图书馆等订购。好多订户本身又是一个服务中心,用订购的 MARC 磁带为其用户服务,估计用户数不少于 1500 个。

各国 MARC,加上机读目录中心和许多图书馆的编制,就使机读目录的数量越来越大,包罗出版物的面也越来越广。这使得有些国家机读目录的使用相当普及,一些国家也从无到有,迅速发展,应用领域也越来越广。

1.国家书目和出版商目录　前面已经提到,许多国家的国家书目,编成机读目录发行使用,这就是各国 MARC,影响是很大的。有些出版商,将其即将出版的图书,制成机读目录出售,这对编制国家书目和图书馆采购工作都极为有用。

2. 图书馆内部工作的利用

（1）采购——用 MARC 磁带和出版商磁带,根据自己单位入藏范围,编制"可能需要的文件"（Potential Reguirements File 简称 PRF）,供订购选书时参考使用。

MARC 目前收录很多"在版图书编目"的记录,它早于图书的发行,用它可以建立"订购文件"。

在采购工作中,选书、查重、打订单、建订购文件、新书验收、打印催询单、核算账目、藏书统计等,都可由机读目录完成。

（2）编目——用 MARC 或机读目录中心的磁带,编制各图书馆的藏书目录。订购 MARC 磁带,有全套订购与零星订购二种,视图书馆需要而定。当然,各馆都要补充自己专有图书的编目。这样,就建立起各馆的机读目录文件了。

（3）流通工作——计算机化的流通系统,必须与机读目录相结合,或用机读目录建立藏书文件,或直接使用机读目录。

（4）参考工作和书目工作——参考工作和书目工作离不开图书馆目录,因之,机读目录能代替手工目录在参考和书目工作中的作用和功能。不仅如此,其功能又大大超过了手工目录。

①能提供比手工目录更多的查询和参考途径:一般的手工目录体系,仅四种左右的目录,而机读目录可以从十多个或更多的途径进行检索,这对参考工作的价值是不言而喻的。

②机读目录能进行后组式检索:将几个查询特征,用布尔逻辑式,一次检索就能满足几个查询特征的要求,这又是手工检索做不到而对参考工作极有用的。

③自动打印:用手工目录编书目和进行参考工作,要花去大量的人工打字和抄写、编排时间,而用机读目录,可以用程序代替人工,自动打印出各种格式的书目单,进行多种方式的编排。

（5）图书馆其他内部工作——凡需同目录打交道的,由于图书馆使用了机读目录,相应这些工作随之也要利用机读目录。可

192

想而知,使用范围是极为广泛的。

3.图书馆读者的利用　用计算机建立编目系统,主要目的之一,是为读者使用。读者使用机读目录有直接与间接之分。

由于机读目录的多种输出方式,读者可以直接使用终端查目,也可以享受计算机化的定题服务,这都是由计算机直接为读者提供服务,可以叫直接方式。这个方式是手工目录作不到的,并且迅速、准确、方便,它高于传统目录查询方式。

间接方式是指计算机全套地输出目录卡片和书本目录、缩微胶片等,这同传统目录合在一起,采取传统目录查询方式,由读者自己查找。

计算机编目的最大优点,是一个记录输入后,能够输出多种物质形式的和多种检索途径的目录。有些检索途径是手工目录根本做不到的。充分利用这一优越性,就给机读目录的使用带来了极大的好处。它有多种选择余地:可以使用输出目录卡片与手工目录相结合的初级形式;可以使用打印的或排印的书本目录;可以使用携带方便存贮空间小的缩微形式;还可以使用由机读目录磁带进行多主题组配查找的定题服务和回溯检索的现代化方式。

计算机不仅能输出传统的分类、著者、书名和主题目录,而且可以输出题外关键词、会议、地名、有关人物、时间等目录。巴思大学比较目录研究,对各种排检方法进行了分析,平均查阅时间为:

分类　　　　　4分2秒;

题外关键词　　2分57秒;

著者　　　　　1分51秒;

书名　　　　　2分39秒。

在主题查找方面,很多人喜欢题外关键词,而不喜欢分类。因为分类不如题外关键词是"自然语言",一步即查到,准确,针对性强。

美国国会图书馆的目录查询已基本计算机化,它拥有1500个终端。1981年起已不再编排卡片目录。纽约时报与美国国会馆联机,可以互相查询彼此的机读目录和数据库。

4. 联合目录与集中编目

(1)联合目录——机读目录为联合目录的建立创造了方便的条件。用手工建立联合目录是较为困难的,需要非常多而繁琐的手工工作。而用机读目录建立联合目录却极为方便,只要在机读目录中加入馆藏项目和馆藏代号就行了。

美国的国家联合目录,目的是建立全国的目录查询系统。近期看来,全国联合目录的联机查询是困难的,因而采用书本目录或缩微形式。其他国家也在进行这项工作。

集中或合作编目,为建立地区联合目录创造了条件。

(2)集中编目——集中编目,这里有合作的意思,主要是地区性的集中与合作,"两个或更多的机构之原有的和扩大的资源共享"。集中编目的结果,不仅编出了各馆的目录,提高了目录质量,省了分散加工的人力,而且编出了地区联合目录,这为资源共享馆际互借创造了有利条件。从国外机读目录的发展历史可见,单独一个馆搞自身的机读目录是事倍功半的;最有生命力的是集中编目,它能集中几个馆的人力、财力和物力,容易搞上去,同时又能保证高质量,做到资源共享,这是机读目录的方向。

美国俄亥俄学院图书馆中心(Ohio College Library Center,简称 OCLC),大型图书馆书目自动化分时系统(Bibliographic Automation of Large Library Operations Using a Time-Sharing System,简称 BALLOTS)以及英国的伦敦与东南地区图书馆协作网(London and South Eastern Library Region,简称 LASER),伯明翰图书馆机械化协作计划(Birmingham Libraries Cooperative Mechanisation Project 简称 BLCMP)等(见下表)是集中编目中心的代表。

从机读目录的广泛应用可以看到,编制和利用机读目录是图书馆自动化的核心问题,是搞好图书馆其他工作自动化的基础。

194

MARC 的迅速发展和广泛应用,充分说明了这一点。机读目录已经在国际上引起了图书馆的深刻变革,机读目录也一定会为我国图书馆的现代化开创美好的前景。

美、英四个较大的计算机化图书馆集中编目系统

系统名称	建立单位与时间	所用计算机	网络与终端数	图书、期刊数据库及书刊总量	业务功能及业务量
OCLC	美国俄亥俄学院图书馆中心 1968 年建立 1971 年 9 各一台联机机	IBM370/155Xero Sigma 5 和 1971 9 各一台	OCLC 网 NELNET 网 1977 年 1968 个终端,1979 年已达 2000 终端	到 1979 年已存贮 500 万条记录 1982 年达 800 万条记录	46 个州 1200 多个图书馆参加协作(1978 年)①集中编目,1975 年日输入 3000 条,日查询 4 万次,日印刷卡片 12 万 5 千张,工作时间为早 7:00—晚 10 时;②采购查重,打订单,核算账目自动化;③流通自动化,1972 年流通量 180 万册次;④参考咨询应用
BALLOTS	美国斯坦福大学大型图书馆目录自动化分时系统 1972 年	IBM360/67 IBM360/91 目前用 IBM370/168	RLIN 网	83 万条书目记录(1977 年),到 1979 年已达到 120 万条记录 1982 年达 300 万条记录	美国几个主要图书馆网之一,60 个图书馆参加(1978 年)①集中编目;②期刊管理;③订购系统;④1978 年起研究图书馆组(RLG)加入;⑤同物理情报检索系统(SPIRES)联机
LASER	英国伦敦与东南地区图书馆协作网 1971 年	IBM370/155		1950－1974 年的 MARC 记录 70 万条,联合目录 150 万条	87 个图书馆参加①与英国国家书目中心(BNB)协作,是英国第一个 MARC 中心,回溯到 1950 年;②英国第一个联合目录计划,能提供馆际互借
BLCMP	英国伯明翰图书馆机械化协作计划 1969 年	IBM370/155	批处理方式	包括 1950 年以来的英国 MARC 记录;1972 年前的目录美国国会图书馆 MARC 记录,年增 11 万 5 千条记录记录的地区联合目录	20 多个图书馆参加协作(1978 年),发行的目录包括:①计算机输出的目录卡片;②计算机输出的缩微胶片,每张 14.5×10.5 厘米^2 的胶片上容纳 3000 条目录;③书本目录;④磁带版目录

参 考 书 目

图书馆目录　刘国钧等著　北京　高等教育出版社　1957 年

图书馆藏书与目录(第三编图书馆目录)　《图书馆藏书与目录》编辑小组编　北京大学印　1961 年

图书编目基本知识讲授提纲　刘国钧编　1962 年

科学图书馆的目录体系　顾家杰著　《图书馆》　1961 年第 1 期

图书馆目录体系问题的探讨　刘国钧著　《图书馆》　1961 年第 2 期

对"图书馆目录体系"的两种不同理解——兼谈我的一点看法　冯锦生著　《图书馆通讯》　山西省图书馆编　1980 年第 2 期

主题目录的作用及其在图书馆目录体系中的地位　张舒展著　《图书情报工作》　1980 年第 3 期

省市图书馆应重视主题目录的编制　曹汉新著　《图书馆学通讯》　1980 年第 2 期

图书馆图书目录的过去、现在和未来　汪长炳著　《图书馆学通讯》　1979 年第 1 期

图书在版编目——目录著录工作标准化的一项重要措施　阎立中著　《图书馆工作》　中国科学院图书馆编　1979 年第 4 期

对制定《中国标准目录著录(总则)》的几点意见　北京图书馆标准化小组　中国图书馆学会第二次科学讨论会论文　1980 年 10 月

关于目录工作现代化的几个问题　阎立中著　《图书馆工作》　科学院图书馆编　1978 年第 3 期

图书资料著录标准化中的主要款目及著者和书名标目问题　张蕴珊著　《北图通讯》　1980 年第 2 期

关于文献目录著录标准格式问题 黄俊贵著 《图书情报工作》 1980 年第3 期

国际标准书目著录（总则） 金凤吉 宋益民译 张蕴珊校 《北图通讯》 1980 年第 2—4 期

汉语拼音在图书著录中的应用 于鸿儒著 《图书馆工作》 科学院图书馆编 1978 年第 1 期

著者标目基本著录制初探 施大文著 《北图通讯》 1980 年第 3 期

关于多卷书及丛书的编目问题 佟贵功著 《图书馆学通讯》 1957 年第4—5 期

关于多卷书和丛书著录的意见 邵铭著 《图书馆学通讯》 1957 年第 4—5 期

中文期刊目录著录方法商榷 江乃武著 《吉林省图书馆学会会刊》 1979 年第 1 期

关于处理多语文图书的意见 刘国钧著 《图书馆学通讯》 1957 年第 3 期

多语文图书处理办法 汪家熔著 《图书馆学通讯》 1957 年第 1 期

汉字检索方法初探 杨继本著 《图书馆工作》 科学院图书馆编 1977 年第 3—4 期

汉语拼音字顺目录组织规则 北京图书馆中文编目组 《北图通讯》 1980 年第 3 期

用电子计算机编制图书目录的几个问题 刘国钧著 《图书馆工作》 科学院图书馆编 1977 年第 2 期

建立我国机读目录系统的几个问题 惠世荣著 《图书情报工作》 1980 年第 2 期